hans:riedl

Ein Jahr in Schmerzen

hans:riedl

Ein Jahr in Schmerzen

Rediroma - Verlag

Bibliografische Information der Deutschen Nationalbibliothek:
Die Deutsche Nationalbibliothek verzeichnet diese Publikation in der Deutschen Nationalbibliografie; detaillierte bibliografische Daten sind im Internet über http://dnb.ddb.de abrufbar.

ISBN 978-3-96103-471-0

Umschlagillustration: nicklt / photocase.de

www.rediroma-verlag.de
9,95 Euro (D)

Ein Jahr in Schmerzen

Ein Jahr ist vergangen, ein Jahr ist dahin.
In diesem Behältnis sind die Themen darin.
Sie sind nicht geordnet, nur hinein fabriziert,
so wie sie geschrieben, was mich inspiriert.

Es ist nicht ganz einfach zwischen den Seiten zu stehen.
Ob mir es Erfolg bringt, das wird man noch sehen.
Halt deine Kritik noch vorsorglich im Zaum,
denn ein Meister im Dichten, das bin ich noch kaum.

Nun lieber Leser, leih du mir dein Ohr,
inhaliere die Zeilen, nimm in Acht dich davor,
dass nicht manches Thema zu sehr dich entzückt,
sonst wirst du am Ende, wie ich, noch verrückt.

Ein Jahr voller Schmerzen

Ein Jahr ist vergangen, ein Jahr voller Schmerzen.
Ich hab es erlebt, mit blutendem Herzen.
Habe getrauert, gelacht, getüftelt, geschrieben.
Es hat mich gefesselt, es ist haften geblieben.

Was zu verändern wäre, hab ich beschrieben
und immer bin ich treu mir geblieben.
Habe gehört und gesehen und aufgedeckt,
dabei hat der Sinn die Tat meist bezweckt.

Ich habe inzwischen die Bauern verehrt.
Was ich dort geschrieben, war auch nicht verkehrt.
Es sind Geschichten darinnen, voll Freude und Trauer,
im Buch mit dem Titel: „In den Zeiten der Bauer!“

Ich halte die Bauern in Ehre und Würde.
Die Berufung zum Bauern ist meistens nur Bürde.
Ich hab auch mit Lob und Kritik nicht gegeizt,
doch ist dieses Thema für mich ausgereizt.

Nun geb den Schmerzen ich mich hin,
denn Schmerzen sind der Lebenssinn.
Was in mir bohrt, was in mir reißt,
hat wohl mein Denken eingekreist.

Nicht physisch nehm ich Schmerzen wahr,
nur psychisch sind sie und bizarr,
weil von der Welt so nebenbei,
ertönt ein einziger Schmerzensschrei.

Das hab ich notiert nach meinem Verständnis.
Der Wahrheit, der Treue geb ich ein Bekenntnis.
Es war ein Jahr voller Schmerzen,
mit fieberndem Sinn.
Was ich so gedacht, steht im Buche darin.

hans:riedl 2018

Wie leb ich blos?

Ich leb von Liebe, Luft und Sonne,
so hab ich täglich nur noch Wonne.
So bin ich lieb und frei und froh,
doch glaubt nicht, es ist wirklich so.

Mich regt auch oft mein fühlend‘ Herz,
auch quält mich öfters schon ein Schmerz,
auch muss ich meinen Hunger stillen
und Folge leisten meinem Willen.

Der ist ganz unstet und flexibel.
Als Ordnungsmensch bin ich penibel,
das stört auch oft mein Umfeld schwer,
dies wiederum stört mich oft sehr.

So ist mein Leben eine Last.
Hab selbst es mir so ausgefasst,
weil ich auf meinen Gleisen geh
und ich mir selbst im Wege steh.

Ich will nicht klagen in der Art.
Hab an mir selbst mit Lob gespart
und verfolge treu die eigene Fährte.
So bringt mein Leben ständig Härte.

Ich will auch Licht und Sonne haben,
will mich an Liebe, Wärme laben
und die Freiheit ist mein größtes Los.
Jetzt frag ich euch: Wie leb ich blos?

Wie es mir geht

Wenn jemand fragt wie es mir geht,
dann sag ich gleich, wie es so steht,
doch fällt mir hinterher noch ein,
es könnt noch etwas besser sein.

Noch bin ich voll des Lebens froh,
gesund bin ich auch ebenso,
doch die Zeit nimmt man schon täglich mir
und die ist fort, von da, nach hier.

Eines hat nun Gültigkeit,
vorbei ist schon die Jugendzeit.
Das Alter nagt an dem Gebein,
das Zipperlein stellt sich schon ein.

So trag ich täglich einen Sack,
der schwerer wird, noch huckepack.
Ich kann dagegen wenig tun
und lass ihn auf den Schultern ruhn.

Wird er zu schwer, trag ich ihn nimmer
und wird der Zustand immer schlimmer,
dann brems ich mich ein bisschen ein.
Das kann doch nicht so schwierig sein.

Ich täusche mich, es trügt der Schein.
Ich will noch nicht so ruhig sein.
Die Ruhe wünsch ich nicht herab,
die hab ich lang genug im Grab.

Freundschaft

Freundschaft, welches lose Wort!
Kaum ist sie da, schon wieder fort.
Nicht sesshaft ist sie, wie der Wind.
Macht sich aus dem Staub geschwind.

Sie ist verletzbar, ungemein.
Oft ist es Freundschaft, nur zum Schein.
Sie verflüchtigt sich oft unbemerkt,
wenn Vertrauen nicht die Freundschaft stärkt.

Beim kleinsten Stoß geht sie in Brüche.
Sie verträgt auch nicht die schlimmen Sprüche.
Es stört auch oft ein dummes Wort,
zur falschen Zeit, am falschen Ort.

Freundschaft braucht Vertrauensstärke.
Es genügen nicht nur gute Werke.
Was Freundschaft ist, das sag ich euch:
Ein rohes Ei ist der Vergleich.

Ist ein Sprung erst in der Schale
genügt ein Stoß, nicht viele Male.
Ei ist Ei, soweit, so gut,
doch was man mit der Freundschaft tut,
ist Kunsthandwerk im hohen Grad.

Da übt man täglich den Spagat
zwischen Zweifel und Vertrauen.
Du sollst auf Letzteres nur bauen.
Es hilft auch oft ein gutes Wort,
zur rechten Zeit, am rechten Ort

Neulich

Neulich hab ich was erlebt,
was mir nicht möglich schien.
Ich glaubte Freundschaft zu genießen,
doch sie war nur ausgeliehn.

Ja, Freundschaft hält nicht lange,
wenn man sie falsch nur misst.
Wenn man dazu nichts beiträgt,
sie immer nur genießt.

Wenn Kriterien daran gebunden,
mit wenn und oder, aber,
dann ist jedes Wort in „Freundschaft"
nicht mehr als nur Palaver.

Neulich hab ich was erlebt,
wie vorher je noch kaum.
Da stellte man die Unwahrheit
ganz gezielt in meinen Raum.

Die Freundschaft musste weichen,
drin war zu wenig Platz.
Man hat mich einfach schlecht gemacht,
so was nenn ich eine Hatz.

Wer nicht versteht, nun meinen Standpunkt,
sollt nicht darüber richten.
Ach was, jetzt lass ich dieses Thema,
ich will nur weiter dichten.

Mein Glück

Wie hab ich einst vom Glück geträumt.
Jetzt hab ich die Zweifel ausgeräumt.
Das Glück kommt nicht von Ferne her.
„Da bin ich nun, ja bitte sehr!"

So ist es nicht, nicht mal im Traum.
Gib du dem Glück erst freien Raum,
dass es sich dir entfaltet,
dein Leben auch gestaltet.

Lang musst` ich sein auf dieser Erde,
bis ich sie fand, die richtige Fährte,
worauf das Glück zu finden war.
Ich braucht` dafür so manches Jahr.

Nun Freunde, die ihr mich nicht kennt,
ich schreib, was mir im Herzen brennt.
Das nenn ich Glück, weil nicht alltäglich
und ohne Glück verzag ich kläglich.

Das Glück ist es, das mich verleitet
und mir den Wortschatz aufbereitet,
mich schreiben lässt in meinem Sinn.
Da seh ich all mein Glück darin.

Der Anderen Glück

Es braucht nicht viel zum glücklich sein,
doch glücklich sein, ist oft nur Schein.
Gehört Geld allein nun schon zum Glück?
Vom Wohlstand noch ein großes Stück?
Im Alltagstrott nur beste Ware?
Seine eigene Welt, die wunderbare?

Der eine sagt: „ Das brauch ich kaum,
es bedeutet nichts als Seifenschaum.

Die Freiheit will ich voll genießen,
das Leben soll mir nicht verdrießen.
Ich will Recht und Wahrheit hier auf Erden.
Das soll mir zur Gewissheit werden.

Sein Gegenpart hält nichts von dem.
Er will es lieber angenehm.
Will sich mit Unrecht nicht bekleckern.
Sein Motto ist: Nur ja nicht meckern.
So wie es läuft, so soll es sein.
Er greift nicht ins Gefüge ein.

Der eine so, der andere so.
Das eigene Glück macht beide froh.
So baut jeder sich sein eigenes Nest,
worin sich trefflich hausen lässt.

Der Weg zum Ziel

Das Leben ist der Weg zum Ziel.
Mancher gibt drauf all zu viel,
hält nur von Wert, was er erlebt,
beachtet nicht, was er erstrebt.

Das Ziel des Lebens ist der Tod,
nicht Überwindung mancher Not,
nicht schwimmen drin im Überfluss,
nicht Freude, Laster und Genuss.

Der Tod ist dann der Meilenstein,
der sicher zeigt ins Reich hinein,
wo keine Macht dich mehr erpresst,
wo sorglos es sich bleiben lässt.

Wo alle Seelen sich verkehren,
wo gegenseitig sie sich ehren,
wo nach des Lebens kurze Zeit,
die Seele endlich ist befreit.

Wer hat wie ich, die Strategie,
verwirft sie nicht als Ironie,
hält nicht fest am Hier und Sein,
denkt an seinen Meilenstein?

Lieber Mensch, der du dich brüstest,
dich für den nächsten Alltag rüstest,
geh in dich, halt endlich ein,
denk an deinen Meilenstein.

Was du verdienst, was dein Erlös,
wer dich regiert, ob gut, ob bös,
das sind nur Peanuts vor dem Ziel,
nicht mehr als nur ein Kinderspiel.

Wie du dich mühst, wie du dich schindest,
was du für Übel überwindest,
es macht dich in Ewigkeit nicht reich,
denn drüben sind wir alle gleich.

Wer ist bei mir, wer lehnt mich ab,
wer bricht an mir den Richterstab?
Wer sagt geheim: „ So sei doch stumm“,
wer nennt hier meine Worte dumm?

Liebe Leute, seid doch ehrlich,
ein jeder Richtspruch ist gefährlich,
denn hier ist nichts, dort drüben viel.
Das Leben ist der Weg zum Ziel.

Gestorben sein

Es gibt eine Frucht, die wächst und gedeiht,
sie wird von den Eltern zum Leben geweiht.
Noch ist es noch Zeit, bis der Augenblick scheint
wo das Baby, das Neue, mit dem Leben vereint.

Mit einem Schrei stößt es in das Leben hinein.
Das nennt man nur treffend: „ Geboren sein."

Wie ist ein Kind noch von den Sorgen verschont.
Es lebt seine Jugend, so wie es gewohnt,
wird es erwachsen, bedroht ihn die Not.
Die ständige Obacht gebührt seinem Tod,
doch eines Tages stellt er sich ein.
Das nennt man bei uns auch: „ Gestorben sein".

Was frisch und gesund zum Leben erblüht
und nach Jahren des Schmerzes im Elend verglüht,
das nennt er sein Leben, das wird ihm zuteil.
Am Tage des Todes wird es ihm zum Heil.
Auf verworrenen Wegen spielt sein Schicksal hinein.
Das nennt man gemein nur: „ Gestorben sein."

Es gibt Menschen zu Hauf auf unserer Welt.
Sie haben ihr Leben meist anders bestellt.
Das Sehnen bleibt Wunschtraum, so lang er noch denkt
und sich selbst ihm Leben nur mit Wünschen beschenkt.
Am Ende vom Leben war alles nur Schein.
Das nennt man woanders auch: „Gestorben sein."

Ist schwarz seine Haut und er Mensch noch nicht frei,
ist er vor Hunger geschwächt und bedroht nebenbei,
so hält er am Leben ein Leben lang fest,
so lang ihm sein Schicksal am Leben noch lässt.
Kommt dann die Stunde ist er meistens allein.
Das nennt man im Land dort auch:„ Gestorben sein."

Wir haben alle gemeinsam das selbige Ziel.
Hat mancher im Leben an Werten zu viel
und ist der Großteil der Menschen verfolgt von der Not,
wird sein kümmerliches Leben mit Waffen bedroht.
Als Belohnung geht jeder in die Freiheit hinein,
dann ist es zu Ende mit: „ Gestorben sein."

Individuum

Füllst du dich edel, groß und stark,
glaubst du hast auch was im Hirn und Mark,
du bleibst immer, nimm es mir nicht krumm,
nur ein kleines Individuum.

Weil wie das Leben dir auch scheint,
es ist dir allein nicht gut gemeint.
Immer sitzt wer wo am längeren Hebel
und setzt dir frisch noch einen Knebel.

Schreibst Bewerbungen und Bittgesuch
so wird das Leben dir zum Fluch.
Einen Gegner hast du, unumwunden,
der zeigt mit dem Daumen gleich nach unten.

Du gehst in dich, musst Kreide fressen,
vergeht Lebenszeit gleich unterdessen.
Was du auch machst, hat nicht Bestand,
du rennst immer wieder an die Wand.

Siehst einen Strohhalm, hältst dich dran,
fängst zu hoffen wieder vorne an.
Vielleicht kommt jetzt der große Knall.
Auch was du hoffst, auf keinen Fall.

Nun bist erbittert du und bös.
Was du auch treibst, bringt nicht Erlös,
nur leere Schritte, leeres Tun

und öfter fragst du dich: „ was nun?“

Man hat dich nun so weit gebracht,
dass dein Ego in den Fugen kracht,
dass du nicht mehr derselbe bist,
noch kein Erfolg mit Mut und List.

Nimm dir zu Herzen, kleiner Wicht,
wer klein ist, wird auch größer nicht,
auch wenn er noch so aufgebläht
und falls es geht, ist es zu spät.

Falls du dich mächtig fühlst und stark,
glaubst du hast was drin im Hirn und Mark,
du bleibst immer, nimm es mir nicht krumm,
nur ein kleines Individuum.

Ein ungeschliffener Diamant

Die Liebe ist ein starkes Band,
ist Leidenschaft aus erster Hand,
sie lässt Ungetüme, Berge wälzen,
lässt Eis und Schnee und Kälte schmelzen.

Was Liebe kann ist wunderbar,
überdauert Zeiten, Jahr um Jahr,
oft hat auch nur die Flammenmacht
schon manchen Kurzschluss eingebracht.

Ist das Feuer aus, was kommt danach?
Nur nichts erzwingen, gemach, gemach!
Sie wird nicht ganz verloren sein,
sie stellt sich selber wieder ein.

Die Liebe ist ein Diamant!
Man hat sie immer schon gekannt
und ausgeübt, dem Vorteil wegen,
doch brachte sie so keinen Segen.

Man feilt an ihr oft mit viel Eifer,
so wie ein Diamantenschleifer,
doch vergesst nicht Leute, jeder Stein
sollt so natürlich wie nur möglich sein.

Lose Träume

Wie ist der Mensch einst groß und prächtig,
in seiner Kraft fast übermächtig,
weil Jugendsinn mit Mut gepaart
nicht mit der größten Dummheit spart.

Er setzt sich kein Ziel, nur lose Träume,
nicht Apfelbaum nur Dukatenbäume,
weil mit Arbeit kommt er gar nicht weit,
das macht er nicht, er ist gescheit.

Nach Träumen, die längst abgeflaut
hat er ein Häuschen sich gebaut,
auch Frau und Kinder sind im Pack,
aus ist es mit Schabernack.

Nun treibt es ihn ganz mächtig um.
Schon fragt er sich: „ Weshalb, warum?
Warum ein Ziel das heftig schmerzt,
warum hab ich das Glück verscherzt?“

Nun kriecht die Zeit zum Tor hinaus.
Die Kinder sind schon aus dem Haus,
mit ihnen auch die Frau schon fort,
mit dem neuen Freund, am neuem Ort.

Jetzt will er seinen Traum noch leben.
Will nochmals kräftig Gasfuß geben,
doch schmerzt ihm schon das rechte Bein.
So schön kann träumen gar nicht sein!

Nun kommt die Einsicht ihm herbei,
dass nur träumen gar nicht richtig sei,
denn wer Träume lebt und nicht das Leben
der hat nicht gelebt, so ist das eben.

Nun wird er mürbe schon und krank.
Noch sieht und hört er Gott sei Dank.
Zu leben wär er nun bereit,
doch alles schön zu seiner Zeit.

Im Strudel gefangen

Erst war er ein Jüngling, dann wurd er zum Mann
und eines Tages sein Unglück begann.
In den Fängen des Rechts ist er nun erwacht,
das hat seinem Leben den Knackpunkt gebracht.

Die Mutter, dem Vater holt das Unglück nun ein.
Sie können´s nicht fassen, wie kann das nur sein?
„Wer hat unseren Jungen zum Verbrecher erzogen?
Spricht er die Wahrheit, hat er uns belogen?

Mein Junge, mein Junge was hast du gemacht?
Was hat deine Handlung für Strafe gebracht?
Wie lang musst du büßen im feuchten Gemäuer?
Immer nur Aufstand, das kommt dir jetzt teuer.

Kein Mitleid bekommst du vom großen Gericht.
Was du auch vorbringst, man glaubt es dir nicht.

Hab ich bei dir auch durch die Finger geschaut.
Es war sicher nicht richtig,
du verspielst deine Haut."

Jahre vergingen in finsterer Nacht,
die hat auch die Sonne nicht heller gemacht.
Gefängnis heißt fangen,
dass man die Freiheit dir nimmt
und solche Methoden sind für Verbrecher bestimmt.

Doch sind sie auch nützlich, wer sagt es mir klar?
Wer könnte es wissen, wie wirklich es war.
Ob nicht der Richter in seiner Weisheit gehemmt
und durch seinen Stumpfsinn
gegen sein Gewissen sich stemmt.

„Ich sag es noch einmal, dir selber zum Schutz,
auch wenn es zu spät ist,
lass ab von dem Schmutz.
Die Gerichte sind Mühlen, sie mahlen geschwind
weil halt die Richter ihre Müllner nur sind.

Kommst du da hinein,
wenn der Mühlstein sich dreht,
so bist du verloren, dann ist es zu spät.
Hast du im Leben eine Dummheit begangen,
dann bist du im Mühlrad im Strudel gefangen."

Weihnacht zum Lohn

Nach Tagen der Hektik nun endlich die Ruh.
Zum Bohrer und Meisel leg ich den Hammer dazu.
Wäre von der Arbeit noch etwas übrig geblieben,
wäre es furchtbar, ich müsst Weihnacht verschieben.
Morgen kommt`s Christkind, wie jedes Jahr gleich.
Hoffentlich spielt es mir keinen Streich.

Weil ich habe geschafft bis zur allerletzt Stund.
Vom Kirchturm taten`s die Glocken schon kund,
dass der Weihnachtsfriede über den Hausdächern steht.
Es ist immer dasselbe, weil der Jahrlauf sich dreht.
Nun bin ich gar müde und ordentlich matt,
hab mich übernommen, beinah in der Tat.

Jetzt möchte ich erst schlafen und ordentlich ruhn,
nur träumen vom Christkind, keinen Hammerschlag tun.
Wenn ich erst im Bett lieg, steh ich nicht mehr auf,
dann ruh ich mich aus, bis über Mittag hinauf.
So soll es nicht sein, das ist mir jetzt klar,
doch es ist immer dasselbe, beinah jedes Jahr.

Es scheint alles so wichtig, was man immer so treibt.
Auch ich hab die Arbeit zu fest einverleibt.
Es wär besser, ich würd mich auf das Leben besinnen,
wo doch die Tage, die Jahre zu hastig verrinnen.
Auch ich wünsch mir von Herzen die Weihnacht herbei,
doch kaum sind sie da, sind sie wieder vorbei.

Nun nehm ich mir vor, für die Zukunft ein Ziel,
dass ich mich zurück nehm, nicht schaffe zu viel.
Kommt nächstes Jahr wieder die Weihnacht ins Land,
dann ruh ich schon vorher, ich rühr keine Hand.
Dann lass ich wirken die Stille, ich vermeid jeden Ton,
dann hab ich besinnliche Weihnacht zum Lohn.

Die Lasten die wir tragen

Wir tragen unseren Buckelsack
oft nur mit Schmerzen huckepack.
Was wir uns selber aufgeladen,
das ist nicht Glück, es ist nur Schaden.

Darum lieber Leser, der du schnaufst
und weiter unnütz Dinge kaufst,
die du nicht brauchst, nur um zu leben,
du solltest dich zufrieden geben.

Nicht trachten nach dem größten Stück,
nicht hoffen auf das große Glück,
nicht schwimmen wollen in der Flut,
nicht machen, was ein anderer tut.

Du legst dir selbst die Lasten auf
und immer neue kommen drauf,
weil du nicht mehr verzichten willst
und mit Kaviar deinen Hunger stillst.

Was du erträgst, ist ganz enorm.
Dein Körper geht schon aus der Form,
weil du nicht siehst, wie er sich windet,
wie er sich täglich für dich schindet.

Es kommt der Tag, an dem er schreit:
„ Mein lieber Freund, das geht zu weit,
was du mir antust ist ein Frevel,
ist ärger noch als Pech und Schwefel.

Ich mach nicht mit, an deinem Glück.
Ich ruh mich aus, zieh mich zurück.
Mach du allein, falls du es kannst,
so wie du den Bogen überspannst.“

Ihr lieben Leute, gebet Acht,
tragt eure Lasten mit Bedacht,
nicht mehr als unbedingt vonnöten,
sonst werdet ihr euch selber töten.

Gemach, gemach!

Schon morgens früh hab ich geackert,
bis abends spät mich abgerackert,
hab viel zu viel mir aufgeladen,
nicht mir zum Wohl, nur mir zum Schaden.

Nun sitz ich da und denke nach.
Mein Motto ist: Gemach, gemach.
Trotzdem bleibt die Uhr nicht stehen
und es sollte alles schneller gehen.

So war mein Speed die ganze Zeit.
Zum Bremsen war ich nicht bereit.
Doch seh ich ein, so soll`s nicht sein.
An Ende holt die Zeit mich ein.

Wie schnell ich lief, wie hoch ich sprang,
wie stark ich zog an einem Strang,
wie ich mich mühte, ohne Rast,
ich hab oft Schmerz mir ausgefasst.

Die Zeit war hinter mir, mit Macht,
das hat ängstlich mich auch oft gemacht.
Ich lief schneller noch, das kann nicht sein.
Am Ende holt die Zeit mich ein.

Jetzt hat die Zeit mich überholt,
ist über mich dahin gerollt.
Mein Schritt ist schwankend schon und leis.
Zu schnell gerannt, das ist der Preis.

Nun, ihr alle, die ihr ähnlich seid,
bremst ab den Speed und nehmt euch Zeit,
dass nicht die Zeit am Ende siegt
und ihr nicht auf der Strecke liegt.

Verkanntes Ziel

Noch frönt der Mensch nicht Schmerz noch Lust,
noch saugt er an der Mutterbrust.
Er schreit und lacht, wie es sich ziemt,
noch ist sein Leben fremdbestimmt.
Noch pflegt er selber nicht Geduld,
sein Leben hängt an Mutters Huld.

Ein junger Mensch voll Mut und Drang,
dem wird noch seine Zeit nicht lang,
hat meist noch ein gesundes Herz
und lebt die Liebe und den Scherz.

Weil nichts gemahnt an seinen Tod,
kennt er noch nicht manch menschlich Not.

Weil er noch keinen Schmerz erfahren,
kennt er ihn nicht, in jungen Jahren.
So lässt der Mensch sich weiter treiben,
doch kann er immer jung nicht bleiben.
Es vergehen Tage, Wochen, Zeiten,
für manch kranken Menschen, Ewigkeiten.

Der Körper schlägt schon längst Alarm.
Ein kranker Fuß, ein kranker Arm,
ein krankes Herz, unter der Last,
hat Schmerz und Krämpfe ausgefasst.
Am meisten doch die Seele schreit,
zur allgemeinen Leidenszeit.

Der Tag bringt ihn nur Schmerzen noch.
Oft denkt er sich: „ Ach hätt ich doch…
Die Gesundheit ist ein rohes Ei.
Ich tat dagegen allerlei.
Das Leben ist nur eine Frist.
Wie trauert‘ s mich, was nicht mehr ist.“

Es ist zu spät, es nagt der Schmerz
und stündlich mahnt ein krankes Herz.
Nun braucht das Leben viel Geduld.
„ Ich selber bin an allem schuld.
Jetzt steck ich fest in einem Loch.
Ach hätt ich doch, ach hätt ich doch."

Der Lebensreigen

Das Leben ist ein Ringelspiel,
ein Hürdenlauf, ganz ohne Ziel,
mit Hindernissen vollgespickt,
meist selbst verschuldet, handgestrickt.

Weil langweilig sonst das Leben wär,
erfindet man sich selbst Bescher
und legt mit Mühe, ohne Rast,
sich selber auf, manch schwere Last,

um dann zu torkeln und zu schwanken,
durch Hindernisse und durch Schranken,
über Steine, Stufen, Abfallhaufen,
mit letzter Kraft, um zu verschnaufen.

Nach dieser argen Lebenspein,
bildet mancher Mensch sich ein:
„ Was hab ich für ein Werk vollbracht,
wie klug hab ich für mich gedacht."

Gleich nebenan, mit viel Bedacht,
hat sich ein anderer aufgemacht
und schreitet nun, so soll es sein,
voll Frohmut in die Welt hinein.

Es drückt ihn nicht der Lasten Schmerz.
Er pfeift ein Lied, macht einen Scherz.
Was heut nicht geht, lässt er gleich bleiben,
das nennt er seinen Lebensreigen.

Die Jahre lebt er mit Genuss,
ist gesund und munter bis zum Schluss.
Hat sich nicht geschadet, nicht gequält,
weil er den richtigen Weg gewählt.

Mal gerade, mal krumm

Ich geh meinen Weg, mal gerade, mal krumm,
mal bin ich verzagt, ich irr auch herum.
Ich find nicht die Schritte, zur Ruhe dazu,
damit bin ich zu schnell für die selige Ruh.

Oft bin ich verwirrt, weil die Umwelt mich narrt,
auch hab ich zu viel von der Liebe gespart,
hab öfters im Leben im Zorn mich empört
und den Ruf eines Bettlers nicht immer gehört.

Da ist nun die Summe meiner Tage präsent.
Wie lautet das Urteil für mich dann am End?
Bin ich noch genehm, für das ewige Heil
oder für die Verdammnis der bessere Teil?

Das sind so Gedanken, so sinn ich drauf los.
Ich bin halt ein kleiner Schildbürger blos.
Ich hab nichts zu reden, auch nichts zu bestimmen,
ich versuche im Strom dahin nur zu schwimmen.

Wenn ich einmal reise, für immer dahin,
was bleibt noch bestehen, nach meinigem Sinn?
Kaum mehr als ein Nichts, nur Asche und Staub,
da bin ich mir sicher, ich sag`s mit Verlaub.

Warum hab ich gelebt, steht die Frage im Raum.
Dass sich wer erinnert, das ist es wohl kaum.
Bleib auch nur ein Stäubchen, mir selber zur Ehr,
dann wäre das etwas, was großartig wär.

Ich hab ja noch Zeit, bis zum nämlichen Tag,
bis dahin ich angenehm leben noch mag.
Ich will mich noch bessern, damit es noch reicht,
falls dann eines Tages die Seele entweicht.

Erst geh ich noch weiter, mal gerade, mal krumm,
mal bin ich verzagt, mal irr ich herum.
Ich find nicht die Schritte, zur Ruhe dazu,
deshalb bin ich zu schnell für die ewige Ruh.

Meine Frage?

Der Mensch in der bekannt' Gestalt
ist viele tausend Jahre alt.
Die Annunaki sind es nach der Mähr,
sie kamen einst zur Erde her
und schufen uns und unseres Gleichen.
Was wollten sie damit erreichen?

Schön und gut, ich stell die Frage,
die mich beschäftigt all die Tage:
Wer schuf die, die von dort einst kamen?
Gibt es für deren Schöpfer einen Namen?
Die Antwort kommt bestimmt ganz leis.
So schließt sich wiederum der Kreis.

Selbsterkenntnis

Ich bin nicht der Größte, von den Kleinen nicht Einer.
Ist wo ein Gewinn, ist er sicher nicht meiner.
Nicht unnütz, nichts nütze, nur so mittendrin,
nur so in der Mitte, so wie ich halt bin.

So leb ich drauf los, die Jahre sind fort.
Bevor ich mich schleiche, noch einmal ein Wort:
Meine Mittel sind nichtig, um etwas zu richten.
Ich könnte nicht mal einen Streit richtig schlichten.

Wie ist es nur möglich, wonach hab ich gestrebt,
hab ohne viel Tamtam schon so lange gelebt.
Für niemanden hab ich meine Fahne gehisst.
Auf großen Konzerten war ich niemals vermisst.

Ich war immer nur da und sang leise mein Lied.
War ich auf der Erde ein nützliches Glied?
Hab ich für Andere jemals Großes vollbracht?
Habe vielleicht nur an mich ich gedacht?

Habe nie für die Menschen was Neues erfunden.
Habe auch nie mich um eine Antwort gewunden,
doch war meine Antwort meinen Mitmenschen recht,
oder war meine Meinung am Ende nur schlecht?

Was heute noch bleibt, sind Fragen zu Hauf.
Auf diese Fragen setz ich eine noch drauf.
War ich von Vorteil oder war ich es nicht,
wenn ich einst stehe vor dem jüngsten Gericht?

Ein Rebell

Von Geburt an bin ich ein Rebell
und was ich mach, das mach ich schnell.
Bin nicht fürs lange lamentieren,
will nicht den langen Weg probieren.

Was langsam geht, geht auch noch schneller.
Ich dreh mich auf dem Plattenteller
und es rauscht vorbei, so meine Welt,
wo man mich hat hineingestellt.

Ist wo ein Eck, das renn ich an,
ob ich es noch verändern kann,
weil scharfe Kanten tun mir weh,
weil ich auf schöne Rundung steh.

Ist wo ein Unrecht, zieh ich blank
und ein Gesetz, das macht mich krank,
was nur verschleiert, nicht verhindert,
weil nicht das Unrecht es vermindert.

Tritt wo die Armut stark zu Tage,
dann stört mich das, gar keine Frage,
dann tritt das Mitleid an mein Herz,
dann spür ich Armut, Leid und Schmerz.

Ist wo des Schicksals schwere Last,
hat es ein Anderer ausgefasst,
dann störn mich dessen Nöte schwer
und die Belastung schmerzt mich sehr.

Ist wo Freude, Lust und Liebe,
nur reine Kraft, nicht schlechte Triebe,
dann öffnet sich mein Herz geschwind,
ich fühle dann den Sommerwind.

Von Geburt an bin ich ein Rebell.
Ich hass die Nacht, ich mag es hell,
denn die Nacht und auch die Finsternis,
macht Ängste mir, ist ungewiss.

So stoß ich an, was mir nicht passt.
Hab Ärger mir oft ausgefasst
und oft hat schon mein Herz gebebt,
weil ein Rebell nicht einfach lebt.

Pflichterfüllung

Was ist die Regel, was die Pflicht.
Wer mich befragt, ich weiß es nicht.
Was früher Pflichterfüllung war
ist heut jeder Pflichterfüllung bar.

Regeln gibt es oft genug.
Heut regelt man auch den Betrug,
weil wer es sich richtet, hat auch Recht
und sind die Regeln noch so schlecht.

Gar manchen hilft die Seilschaft weiter,
nach oben auf der Karriereleiter.
Wie man das regelt, ist mir fremd.
Ich geh nicht mit dem weißen Hemd,

auch die Krawatte lass ich sein,
die kann nicht meine Regel sein.
So regelt niemand meinen Gang.
Das war schon so mein Leben lang.

Wie steht die Pflicht nur im Programm?
Die halt ich brav und halt ich stramm,
weil Pflicht ist Pflicht und Holz ist Holz.
Auf diesen Spruch bin ich auch stolz.

Ich halt sie hoch, wie es gereicht,
denn Pflichterfüllung ist nicht leicht.
Mein Gewissen sagt, wie ich es halte,
Wie ich die Pflicht mir selbst gestalte.

Ich lass es bleiben bei der Pflicht,
doch auf die Regeln zähl ich nicht,
„Gewissenhaft mach deine Pflicht,
verlass dich auf die Regeln nicht."

Die Zeit

Die Zeit ist oft ein unnütz Ding.
Man schätzt sie hoch, schätzt sie gering,
doch ist die Zeit dein Barometer,
auf deinem Maß, ein Zentimeter.

Läuft deine Zeit dir viel zu schnell,
steht sie nur still, so auf der Stell,
dein Maßstab ist die Zeit zurzeit,
von Anfang bis in Ewigkeit.

Darum nütze sie schon in der Jugend,
üb Redlichkeit und Treu und Tugend.
Bau weiter dran an dem Konstrukt,
bis von der Zeit du wirst verschluckt.

Hilft dir die Zeit an manchen Tagen,
bist du bemüht sie tot zu schlagen,
dann hast du wohl die Zeit verkannt,
du hast den Bogen überspannt.

Hast du der Zeit dein Leid geklagt?
Die Zeit hat nicht danach gefragt,
wie das Leben dir behagt.
Hast du der Zeit schon Dank gesagt?

Was sie dir gibt, was sie dir gönnt,
was ohne Zeit wohl niemand könnt.
So bau sie aus und wert sie auf.
Nimm auch den Zeitverlust in Kauf.

Sag „ Danke Zeit", so für und für,
denn ohne Zeit wärst du nicht hier,
Wärst du ein Loch nur in der Zeit,
ein Nichts in der Unendlichkeit.

Ehestand

Wo ist das Land, das mir die Jugend gibt?
Wo ist die Zeit, als ich geliebt?
Wo ist die Freiheit, die mich drängte,
wo die Liebe, die mein Herz versengte?

Vorbei, vorbei, so wie mir scheint.
Zuviel hab ich und oft geweint,
von Sorgen war ich oft betrübt
und Enthaltsamkeit hab ich geübt.

Die Jugend ist schon lang und weit,
schon längst ist sie Vergangenheit.
Die Liebe, die einst stark und heiß,
ist Vergangenheit, das ist der Preis.

Die Freiheit, einst das höchste Gut,
heut wenig noch zur Sache tut.
Hab selbst mich in den Zwang gezwängt
und in den Ehestand gedrängt.

Heut heißt mein Land Geborgenheit.
Gemeinsam ist nur noch die Zeit.
Wenn ich Sorgen hab, sind sie geteilt.
Mein Freiheitsdrang ist längst geheilt.

So leb ich froh und in den Jahren
hab ich auch Lebensglück erfahren.
Ich such nicht mehr ein neues Land.
Mein Land heißt heute Ehestand.

Die gesunde Lebensart

Ihr lieben Leute, hört mal her,
was ich jetzt sag, erregt mich sehr.
Wir sind ein Paar, schon abgenützt
und noch mobil, nicht abgestützt,

doch manchmal kriegen wir es kalt:
Ihr seid schon beide ziemlich alt.

Was heißt hier alt? Nur lang am Leben.
Nur Jahre sind es viele, eben.
Auch zwickt es manchmal im Gestänge,
ein wenig los sind schon die Stränge.
Doch wenn wer meckert, sag ich „Halt,
kein bisschen sind wir beide alt!"

Denn wer nichts macht, der rostet ein,
so kann er jung auch älter sein.
Wer nie bewegt sein Fahrgestell,
der hat bald Übel, viel und schnell.
Dann hört er bald wie es schon knarrt,
sobald er in den Löchern scharrt.

Für uns ist es ein rechtes Spiel,
es gibt uns Kraft und sonst auch viel.
Es schmerzt zwar anfangs wie ein Hammer.
Dem Hammer folgt bald Katzenjammer.
Schon ab dem vierten Tage, schier,
da stampf ich wie ein wilder Stier.

Ich reiß nieder schon mein Fahrgestell,
mein Fahrrad, mein ich, auf der Stell.
So holt die Jugend mich noch ein.
Ein Jüngling könnt nicht fitter sein.
Hab auf den Lippen einen Scherz
und schon vergess ich Weh und Schmerz.

Wer will von mir den guten Rat?
Der hilft ganz sicher, in der Tat:
Wenn alt du bist, dich schmerzt ein Weh,
du wirst wieder wie ein junges Reh.
Tritt die Pedale, fest und hart,
das ist die gesunde Lebensart.

Ich nehm ihn an

Heut ist die Welt so nebelgrau,
wenn ich durch alle Fenster schau.
Die Wolken hängen ziemlich tief
und mein Gemütszustand ist schief.

Gestern war der Himmel blau,
die Luft war warm, der Wind war lau.
Ich war vom Leben angetan,
wie man sich das so denken kann.

So ist der Wandel in der Zeit.
Was so gefreut, ist heut gereut,
es drückt die Psyche tief nach unten.
Was gestern leicht war, ist heut geschunden.

Ein kurzer Zeitraum ist es nur,
ein kurzer Wandel der Natur,
schon schwenkt die Psyche darauf ein.
So kann halt nur das Leben sein.

Darum lass ich laufen, meine Zeit.
Mal geht es hoch, mal geht es breit,
mal sitz ich grad, mal sitz ich schief,
mal hab ich Hoch, mal hab ich Tief.

So wie er kommt, der nächste Tag,
ob er mir graut, ob ich ihn mag,
ich nehm ihn an, es ist ein Muss,
bis hin zu meines Lebens Schluss.

Wasser

Grauer Himmel, trüber Tag,
der mich nicht begeistern mag
und immer wieder Schnürlregen
und Wasserlachen auf den Wegen.

So feucht ist heute die Natur,
mit Nebelhang und Regen nur.
Es schwemmt und rinnt von überall.
Ich schütz mich davor auf jeden Fall.

Ich find mich im Regen nicht zurecht.
Im diffusen Licht seh ich auch schlecht,
vor allem muss die Psyche leiden.
Da muss ich andere Menschen neiden.

Sie fühlen sich im Regen wohl
und treiben es im Wasser toll
und schwimmen, tauchen wie ein Fisch.
Ich aber sitz am trocknen Tisch.

Wie ich das Wasser so verwende?
Ich wasch mir damit täglich Hände
und die Füße auch gegebenenfalls
auch Kopf und Brust und Bauch und Hals.

So ist Wasser für mich nur ein Muss.
Ich trink es häufig mit Genuss
und schwitz es aus in anderer Form,
denn trinken, schwitzen ist die Norm.

So nehm ich das Wasser wie das Brot,
denn ohne beides litt ich Not.
Für mich nichts über Wasser geht,
so lang es sich im Kreislauf dreht.

Bis zum Nixenreich

Hinab, hinab ihr Wassermassen,
so viel die Ufer können fassen.
Hinab, hinab bis an das Meer,
mit Floss und Kahn und Schiffsverkehr.

Wie ihr gurgelt, wie ihr döst
und reißt es mit, was sich gelöst,
es verliert was nicht ist festgemacht.
Alles rinnt hier Tag und Nacht.

Mal seid ihr dunkel, manchmal hell,
mal fließt ihr langsam, manchmal schnell.
Nur die Richtung bleibt so immer gleich,
bis hin zum Meer, zum Nixenreich.

Mich ängstigt es vor deiner Macht.
Manch einer hat nicht dran gedacht,
hat nicht gemerkt, wie tief er gleitet,
zum Grund hinab, unvorbereitet.

Die Rettung ist ihm nicht gelungen.
Sein Hilferuf ist längst verklungen.
Was jener tat, ist ungesund,
nun liegt er unten auf dem Grund.

Wär ich ein Fisch, ich könnt ihn sehen,
müsst nicht einmal ins Wasser gehen,
doch weil ich nicht ein Fischlein bin,
zieht es zum Wasser mich nicht hin.

Ein sanftes Ruhekissen

Dein Leben ist ein Würfelspiel.
Wenn du ehrlich bleibst, hast du nicht viel,
doch genug hast du von all den Sorgen
und das „Glück" hält sich vor dir verborgen.
Es geht nicht wie man gerne möcht,
denn das Leben ist oft ungerecht.

Hast du ein Haus, die Freud ist groß,
doch bringt es täglich Sorgen blos.
Gibst du nicht Obacht auf dein Heim,
regnet es beim Dach herein.

Hast du ein Haus, wirst es beteuern,
es verlangt der Fiskus auch noch Steuern.

Doch ohne Dach über dem Kopf,
bist du am End ein armer Tropf.
Weil die Kälte friert, die Hitze flimmert,
deshalb hast du dein Haus gezimmert.
Doch wie man`s macht, ist es nicht recht,
es geht nicht wie man`s gerne möcht.

Du hast gerackert, manches Jahr.
Du findest sie, ihr seid ein Paar.
Du glaubst, die Sorgen sind vorbei.
Nun sind es Sorgen, gleich mal zwei
und hat sich Nachwuchs eingestellt,
so sind gleich Sorgen mitbestellt.

Da hast du Kinder angeschafft,
hast Gut und Geld herbeigerafft,
damit die Münder was zum Beißen.
Familie, das will was heißen.
Doch Undank ist nochmals der Lohn,
denn flügge sind die Kinder schon.

Sie machen nicht, was man versteht.
Schon bald ist dir der Kopf verdreht.
Es reißt dich wieder hin und her
und du verstehst die Welt nicht mehr.
Es geht nicht wie man gerne möcht,
auch Kinder sind oft ungerecht.

Nun wirst du alt, bist buckelkrumm.
Die Jungen halten dich für dumm.
Weil du noch machst, was du gemacht,
hat es dir Häme eingebracht,
hat dir die Knochen mürb gerieben.
Was ist davon nur dir geblieben?

Dein Blick ist trüb, dein Auge tränt.
Nach großem Glück hast du gesehnt.
Nur Sorgen hast du eingefahren,
in all den Jahren, die schon waren
und eines ist dir ganz gewiss,
du spürst ein wenig Bitternis.

Du schaust zurück, sortierst es aus,
nimmst nur das Schöne dir heraus.
Es ist nicht viel, doch ist es wert,
sich nicht erinnern, wär verkehrt.
Auch wenn das Unglück du erspähst,
wenn du in die Betrachtung gehst.

So ist des Menschen Mittelmaß,
ein Spiel von Liebe und von Hass,
von Leid und von Verdruss genug,
von Sorgen, Nöten und Betrug.
So ist das Leben nur ein Spiel,
wenn du ehrlich bleibst, hast du nicht viel.

Wer die Faust braucht und den Ellenbogen,
wer geschwindelt hat und hat betrogen,
zu Hauff gerafft hat Geld und Gold,
dem wird der Reichtum auch noch hold,
doch kommt das Ende auch für ihn,
denn es ist das Leben nur geliehn.

Dein Leben bringt dir den Beweis,
weil Ehrlichkeit hat seinen Preis,
ist meistens mühsam und beschwerlich,
doch an deinem Ende wirkt es herrlich.
Denn, ist rein und ehrlich dein Gewissen,
ist es ein sanftes Ruhekissen.

Ein komisch Ding

Das Leben ist ein komisch Ding,
als ob es ums Vergnügen ging,
als ob es reine Freude wär.
Das gibt das Leben wohl nicht her.

Ein Geländelauf ist es gleich nur,
wie bei einer Klettertour,
mal gerade aus, mal auf und ab,
mal hoch hinaus, mal tief hinab.

Wer anders glaubt, der irrt sich sehr.
Für die meisten ist das Leben schwer,
die es nicht meistern, ohne Schaden.
Was sie sich alles aufgeladen.

Was an des Einen Nerven zerrt,
das einen anderen wenig schert.
Was einen gleich bringt bis zum Fall,
das merkt ein anderer nicht einmal.

Beide sind sie Lebewesen
und klein und groß sind sie gewesen,
doch was sie trennt ist sicherlich,
stark sind sie verschiedentlich.

Man nennt es Leben, wie es tickt
und meistens ist es selbst gestrickt.
Es wacht ein Jeder selbst darüber,
darum gib nicht Schuld dein Gegenüber:

Ruhe

Ruhe hab ich nie gekannt,
jetzt hat sie mich kurz übermannt.
Sie ist die Wolke, wie sie schwebt,
wie sie mich in Ruhe webt.

Mein Pulsschlag ist ganz leis gefasst.
Mein Blutdruck ist dem angepasst
und alle meine Körperzellen
mit meinem Geist die Ruhe wählen.

Bin ich schon tot oder lebendig?
Halt ich mich aufrecht, eigenhändig?
Ist mein Blick schon starr vor Ruh?
Mir fallen schon die Augen zu.

Gib endlich Ruh sagt mein Gehirn,
musst einmal Ruhe ausprobiern.
Ich find mich heute nicht zurecht.
Ich weiß nicht was ich lieber möcht.

Die Zeit vergeht, ich ruh mich aus,
seh nicht die Kinder rund ums Haus,
hör nicht die Vögel fröhlich singen
seh nicht, wie sie fort sich schwingen.

Ich mach es lieber wie gewohnt.
Hab mich bis jetzt noch nie geschont.
Zu viel Ruhe mir die Ruhe tut
und allzu viel ist auch nicht gut.

Vielleicht

Vielleicht kommt noch einmal das Paradies.
Vielleicht, doch das ist äußerst ungewiss.
Vielleicht ist die Ungewissheit nur ein Schein.
Vielleicht sehen wir in diese nicht hinein.

Wenn die Gewissheit einst der Ungewissheit gleicht,
so ist das ganz bestimmt nur ebenfalls vielleicht.
Das Wort „Vielleicht“ hat bei uns keine Wertigkeit.
Vielleicht war das anders mal in der Vergangenheit.

So heißt „Vielleicht“ vielleicht nur weiterhin im Sinn
und die Gewissheit ist im Wörtchen nicht darin.
Doch nehm mein Leben ich weiterhin so leicht,
dann gebrauche ich das unbestimmte Wort „Vielleicht“.

Vielleicht baue ich einmal ein schönes Haus.
Vielleicht reichen dazu meine Kräfte aus,
dann steht vielleicht mein Haus auf einem Wiesengrund
und ich leb vielleicht darin mit Frau und Kind und Hund.

So ist mein Haus vielleicht nur in der Fantasie,
auf „Vielleicht“ gebaut und reine Ironie,
vielleicht auch nur mit Frau und Kind und Hund
ein Gebilde nur auf allzu losen Grund.

Das „Vielleicht“ besagt, ist äußerst ungewiss.
So ist das Wort ein großes Hindernis.
Dies Wort würd ich am liebsten gerne streichen,
weil ich in Zukunft Gewissheit will erreichen.

Die Einsicht

„Ein Mensch erhofft sich fromm und still,
dass er einst kriegt, das was er will,
bis er dann dem Wahn erliegt,
dass er das will, das was er kriegt.“

Das ist ein altgedienter Spruch,
für manchen Menschen auch ein Fluch.
Er hält sich meistens selbst famos,
darum sind die Wünsche auch so groß.

Weil er der Wirklichkeit erliegt
und sich nach den Normen biegt,
gräbt er die Wünsche in ein Loch,
trotzdem hofft er weiter noch.

Holt ab und zu sie noch hervor,
doch sind sie kleiner als zuvor.
Nun gräbt er wieder Wünsche ein.
Die Hoffnung ist schon ziemlich klein.

Er steckt sich nun die Grenzen ab,
wie weit nach vorn, wie tief hinab.
Er prüft nun weiterhin sein Werk,
dem gilt sein ganzes Augenmerk.

Er legt sich selbst die Fesseln an, jedoch
vergisst er die Wünsche nicht im Loch.
Er gräbt sie aus und siehe da,
sie sind nicht mehr so toll und klar.

Sie sind abgenützt und stark beschädigt,
beinah sieht er sie schon erledigt.
Die Wünsche sind nur mehr ein Traum,
wie Seifenschaum in einem Raum.

Er zieht für sich das Resümee:
Im Sommer gibt es keinen Schnee,
im Winter keinen Rosengarten
und seine Wünsche können warten.

Er gräbt nicht mehr, wie seinerzeit.
Zu verzichten ist er schon bereit.
Nun endlich jetzt die Einsicht siegt,
das was er hat, hat er gekriegt.

Das Schicksal

Du ahnst noch nicht, wie es sich trifft,
noch ist die Welt ganz bunt.
Du hängst noch deinen Wünschen nach,
noch bist du rund und gsund.
Das Schicksal schleicht sich an dich ran,
wie nur dasselbe es so kann.

Auf einem Mal trifft dich die Keule,
wie der stärkste Hammerschlag.
Du denkst zuerst: Das kann nicht sein,
das ist der jüngste Tag.
Darauf bist du nicht vorbereitet und außerdem naiv.
Gegen diese stille Macht hast du keinen Brief.

Des Schicksal's Schwert hat dich getroffen,
mit einem argen Stich.
Dir nützt auch nicht die Klage: Warum gerade ich?
Der beste Ratschlag gibt dir keinen Trost.
Das ist nun mal Gewissheit, das ist dir zugelost.

Bescheiden wissend ist der Mensch,
schon gar nicht ist er „all“
Er hat keine Gegenwehr, auch nicht in diesem Fall.
So mancher Baum war schon gefällt, bevor er es
bemerkt.
Die eine Weisheit nehm ich ernst, darin bin ich bestärkt:

Das Schicksal wird dir eingekerbt,
sobald du die Welt betrittst.
Es wird dich einmal treffen, ob du wanderst oder sitzt.

Dein Ziel

Mensch vergiss nicht deine Ziele,
hast du eines oder viele.
Lass die Gesellschaft dich nicht irren,
von der Politik dich nicht verwirren,
von der Umwelt dich nicht stören,
von falschen Worten nicht betören.

Dein Ziel ist deines Lebens Sinn,
mach dich auf den Weg dorthin.
Vergiss im Alltag nicht dein Ziel,
ob bei der Arbeit oder Spiel.

Dein Ziel soll deine Schritte leiten.
Es soll dich auf dem Weg begleiten.

Dein Ziel sei Hilfe zum Geleit
und liegt es noch so fern, so weit.
Ein Irrweg ist dein irdisch Leben,
solltest du kein Ziel ihm geben.
Wie ein Lichtschein ohne Quelle,
trittst du nur auf der Stelle.

Wie eine Blume die nie blüht,
bevor entzündet, schon verglüht.

Nie bewegt dein Herz ein Sehnen.
Auf deinem Weg nur lahmes Gähnen.
Mensch hast du kein Ziel, du leidest Not,
denn ohne Ziele bist du tot.

Mitnichten

Heut bin ich wohl ein bisschen krank.
Kommt selten vor, nun Gott sei Dank.
Meine Schöpferkraft ist heut bescheiden.
So muss ich halt ein wenig leiden.

Doch im Kopf da drinnen, geht es rund,
dort bin ich wohl noch ganz gesund.
Weihnacht kommt, man merkt es schon.
Die Werbung kennt da kein Pardon.

Den Mensch´ erfasst ein hektisch Treiben.
Solches will ich strikt vermeiden.
Ab und zu will ich noch dichten,
über andere keinesfalls ich richten.

Ein Jeder wie er selber mag,
doch hört man oft so manche Klag,

von Verleumdung und Boshaftigkeit,
gerade vor der Weihnachtszeit.

Ich mach mir da nicht viel daraus.
Ich schau nur in die Welt hinaus.
Wohin man sieht, so rundherum
geht nur böses Treiben um.
Die Bosheit ist ein hartes Los.
Was macht man nur dagegen blos?

Da hab ich einen Rat parat:
Man beachte nicht die schlimme Tat.
Ich würde solche Leut nicht richten.
Die wissen besser es, mitnichten.

Hunger

„Hunger, Hunger, gebt uns Brot.
Millionen Kinder frisst die Not."
So hör ich aus der Ferne schreien.
Ich kann mich nicht vom Bild befreien,
das sich mir spiegelt im Gehirn.
Ich muss nicht solchen Hunger spürn.

Bin satt genug, um noch zu denken.
kann meinen Sinn der Not zu lenken.
Doch bin ich nichts im Weltgetriebe.
Ein winziges Körnchen im Geschiebe.
Ich hör es schrein aus Afrika.
Dort hilft nicht Gott, hilft nicht Allah.

Der Mensch hätt Mittel einzugreifen,
falls doch in ihm die Sinne reifen,
so sprech ich aus, ein großes Lob,
packt er es an, den schweren Job,
will er den Hunger liquidieren,
die größten Nöte er parieren.

Es stirbt das Kind dort, Tag für Tag,
an Hunger und des Hungers Plag.
Millionen sind es, die so enden.
Die reiche Welt hat es in Händen,
zu geben was nicht einmal schmerzt.
Der Hunger wäre ausgemerzt.

Die Schreie würd ich nicht mehr hören.
Kein Laut würd meine Ruhe stören.
Was mache ich, in meiner Welt?
Ich hab zu essen, habe Geld.
Bin ich zu satt um aufzustehen?
Bin ich zu faul um hinzugehen?

Ich schäme mich, so ist es wohl.
Mein Haus ist warm, die Speicher voll.
Was richt ich aus, ich kleiner Wicht?
Man braucht doch meine Hilfe nicht.
Und falls es doch, wie stell ich es an,
dass ich den Hunger stillen kann?

So geht es fort, in diesen Ländern.
Es wird sich nichts so bald was ändern.
Ich hör weiterhin der Kinder Schrei.
Doch falls jemand hilft, bin ich dabei.
Nur ich selber bin zu unbekannt,
nicht mal bekannt in meinem Land.

Ich seh es so, das ist bequem.
Mein Leben leb ich angenehm.
Für ein großes Wort bin ich zu zahm.
Für große Werke schon zu lahm.
Ich muss ein kleines Würstchen bleiben,
weil ich nichts tu, nur etwas Schreiben.

Der Vorsatz

Einst nahm ich mir den Vorsatz vor,
alle Menschen nur zu lieben.
Doch im Lauf der Jahre, im Lauf der Zeit,
ist es oft Vorsatz nur geblieben.

Wie ich mich auch bemühte,
wie ich mich immer regte,
denn Wunsch, zu lieben immer,
auch innerlich ich hegte,
der Wunsch war schwach im Sturm,
den Leben ich so nenne.

Oft ist es nicht gelungen, ich hiermit bekenne.
Da war der reiche Bankdirektor,
der nahm mir Zinsen ab.
Mit Liebe war da nichts zu machen,
ich wünschte ihn ins Grab.

Einst fuhr ich auf der Autobahn,
ich hatt es eilig sehr.
Ein Hunderter war dort erlaubt,
mein Tacho zeigte mehr.
Schon war er da, wo er nicht soll, der liebe Polizist.
Auch hier, bei der Gelegenheit,
hab Liebe ich vermisst.

Eines Nachts, ich sag es euch,
besuchte uns die Diebe.
Sie nahmen mit, was lose war,
was sollt ich da mit Liebe?
Die Halle leer, fein ausgeräumt.
Ich glaubte schon, ich hätt geträumt.

Ich fluchte und ich schimpfte laut,
viel Zorn war in mir aufgestaut.
Von Liebe war da keine Spur,
den Kerlen wünscht ich Hiebe nur.

So ist das mit dem Vorsatz halten,
wo liegt nun meine Schuld?
Wenn einer mir was Gutes tut,
dem beweis ich meine Huld.

Doch wenn ich Schlechtigkeit erfahre,
so ärgert mich das sehr.
Dann brech ich meinen Vorsatz
und tu mir mit Liebe schwer.

Wehrlos

Ich öffne mich, sperrangelweit,
schieb weg von mir Missgunst und Neid.
Wehrlos bin ich jetzt total,
an Gewalt denk ich auf keinen Fall.

Doch wie denken andere von mir,
die lieben Menschen, dort und hier?
Jetzt, wo ich ganz wehrlos bin,
haut vielleicht der Eine hin,
ein anderer führt dumme Sprüche
und zweifelt stark an meiner Psyche.

Nun gut, ich will nicht weiter fragen.
Wenn`s nötig ist, lass ich mich schlagen.
Will sehen, wer als erster schlägt.
Wie sich der Schlag mit mir verträgt.

Nehm ich ihn an, stell ich mich auf?
Schlägt der andere noch drauf?
Mein Vorsatz ist, auch den zu lieben,
der mich traktiert mit seinen Hieben.

Bin ich so stark, halt ich es aus,
falls jene stehn vor meinem Haus,
die Hand an mir anlegen?
Wie stell ich mich dagegen,
wenn sich ein Freund als Feind entpuppt?

Ich bin so stark, bin nicht korrupt
und bleibe meiner Linie treu,
ich kenne weder Angst noch Scheu.
Übt man an mir auch die Gewalt,
aus meinem Mund kommt nicht ein „Halt!“

Ich lass sie reden, lass sie machen,
lass spötteln sie und höhnisch lachen.
Ich nehm alles hin, ich öffne mich.
Schlag einfach zu, ich wart auf dich.

Der Weg hinauf

Mancher lebt in Hoch und Würden,
doch ging er einst durch viele Hürden.
Hat nicht geachtet auf den Weg,
hat selbst gebaut so manchen Steg.

Oft stieg er drüber, über Leichen.
Er wollt nur schnell sein Ziel erreichen.
Schlug auch um sich wie ein Orkan.
Nun kam er dort am Ziele an.

War oben nun auf seinem Throne,
des harten Aufstiegs nun zum Lohne.
Er sah nur noch was er gehortet,
nicht die Leichen, die ermordet,
nicht das Leid, das er gesät,
auf wieviel Leichen er nun steht.

Ihm ist nicht bewusst sein Rechtsempfinden.
Er lebt nun oben in den Gründen,

die er sein Lebtag hat erträumt.
Die Leichen, die den Weg gesäumt,
sieht er noch nicht, noch ist er blind.
Doch das Leben schreitet fort geschwind.

Die Leichen unter seinem Thron,
zerbröseln nun zu Moder schon.
Der Thron steht nun auf morschen Beinen.
Nun hat er Einsicht, möcht ich meinen.
So ist es nicht, noch hält er fest,
noch ihn der Thron nicht stürzen lässt.

Ein Wimpernschlag ist nur die Zeit.
Sein Aufstieg liegt zurück schon weit.
Sein Thron gebaut auf Menschenpein,
stürzt krachend in den Grund hinein.

Was ist der Sinn von der Geschichte?
Erst aufgebaut und schon zunichte,
weil Ehrlichkeit und Tugend fehlen,
auch Menschlichkeit ist zu empfehlen.
Darum baue deinen Weg hinauf,
nicht auf anderer Menschen Knochen auf.

Der Mensch

Wie ist des Menschen Auge blind,
es sieht nicht, wo die Übel sind.
Bemerkt nicht mal die schlimmste Not,
sieht blanken Blickes in den Tod.

Wie ist des Menschen Herzblut kalt,
es nicht die kleinste Wärme strahlt,
ist verstockt und oftmals tiefgefroren.
Barmherzigkeit hat es verlorn.

Wie ist das Hirn des Menschen träge,
es vollbringt zu wenig gute Schläge.
Lahm und müde sind die Zellen,
halb sind sie tot in vielen Fällen.

Wie ist das Ohr des Menschen taub,
darin sammelt sich nur Schmutz und Staub.
Es hört nicht, was es hören soll,
die Gänge sind mit Unrat voll.

Wie ist die Hand des Menschen grob.
Gott schuf sie nur zu seinem Lob.
Zeigt meist im Kampf nur seine Stärke,
vollbringt zu selten gute Werke.

Wie ist der Mensch so fehlgeleitet,
weil er für falsche Werte streitet.
Die böse Kraft hat er gedungen.
Als Gottes Werk ist er misslungen.

Vogelkäfig

So mancher lebt im Vogelhaus,
geht nie aus seinem Käfig raus,
macht alles wie es immer war,
vermutet nur: Gefahr, Gefahr.

Dass außerhalb der Gitterstäben
auch noch andere Menschen leben,
interessiert ihn nicht, ist ihm auch gleich.
Sein Vogelkäfig ist sein Reich.

Dass außerhalb sich was bewegt,
das seine Sinne sehr erregt.
Er glaubt nicht, dass viel Wissen nützt.
Er sich auf seinen Käfig stützt.

Es ängstigt ihn die große Weite,
sieht nicht die Länge, nur die Breite.
Macht alles wie es immer war,
vermutet nur: Gefahr, Gefahr.

Er und er und er allein,
wer anders denkt, sollt gar nicht sein.
Er stärkt darin nicht seinen Sinn,
weil im Käfig ist nicht Platz darin.

Sein Handeln ist nicht zu erklären.
Er will auf guten Rat nicht hören.
Weil mancher macht, was anders ist,
sieht er in ihm den Terrorist.

Was er versteht, ist Massenware.
Sein Weitblick gleicht der Totenstarre.
Er andern keinen Glauben schenkt,
weil seine Sicht ist eingeschränkt.

Das Neue ist ihm ein Problem.
Im Käfig ist es angenehm.
Er macht alles, wie es früher war,
vermutet nur: Gefahr, Gefahr.

So sitzt zufrieden er und bleich
in seinem kleinen Königreich.
Dass er sich selbst gefangen hat,
steht auf einem andern Blatt.

Behäbigkeit

Hört zu, was ich ganz freundlich sag:
Es gibt da einen Menschenschlag,
der ist zufrieden mit der Welt.
Wie er es macht, es ihm gefällt.

Doch bedenkt er nicht, dass seine Sicht
sich meistens mit der Wahrheit bricht.
Was er so sieht, ist nicht von Wert.
Sein Wissensstand ist umgekehrt.

Er hat angelernt, nicht selbst erfahren,
nur aufgesammelt in den Jahren,
was andere so hingestreut.
Unwissenheit noch nicht bereut,
weil angelernt ist die Substanz,
das reicht dem Einen voll und ganz.

Ein Anderer grübelt und oft findet,
dabei er Hürden überwindet,
die Hürden der Behäbigkeit.
Das Übel schlicht, in unsrer Zeit.

Weil er Angelerntes aufgebaut,
er selber nicht zu denken traut.
Eintönigkeit in der Struktur,
das nützt der Machtelite nur,
weil folgsam soll das Volk stets sein.
Nur immer „ja", ja nie ein „nein".

Nicht denken aus dem eigenen Hirn.
Nie etwas Neues ausprobiern.
Schön warm ist´s drin im Schneckenhaus,
dort ruhn sich solche Menschen aus.

Heldengedenken

Sag mir, wo die Gräber sind,
wo sie verschollen sind, im Wind.
Nie bekränzt und viel beweint,
mit der Erde nun vereint.

Die Toten drin sind längst vergessen,
doch einmal sind sie dagewesen.
Die Jugend war einst frisch und stolz,
der Heimat Gut, aus gutem Holz.

Wo liegen sie, auf welchem Feld?
Hat man ein Kreuz dazugestellt?
Gestorben einst für Landesehre.
Dieser Satz klingt wie Schimäre.

Wer immer auch den Krieg studiert,
ihn zu verstehen ausprobiert,
wird eines Besseren belehrt.
So mancher ist vom Krieg bekehrt.

Interessen nur im Hintergrund.
Für des Volkes Streiter ungesund.
Wer gibt sein Leben tausendfach
für nichts und nichts? Oh welche Schmach.

Der Todeszeitpunkt unbekannt,
dafür wird er einst Held genannt.
Vergangenheit, ein schweres Joch,
warum Heldenfeiern, heute noch?

Sie liegen dort auf freiem Feld,
es nützt nicht mehr ein toter Held.
Gedenken weckt nicht mehr zum Leben,
Kriege sollt es gar nicht geben.

Umsonst, umsonst

Krieg ist Krieg, ist unversöhnlich.
Ein Heldentod ist ungewöhnlich,
bringt Schmerz nur in die Herzen rein
und Soldatenehre nur zum Schein.

Wo sind die Mütter, die es dulden?
Wo sind die Täter, die verschulden?
Wer spendet Trost den Totgeweihten,
den Helden, die an Fronten streiten?

Im Kampfgetümmel zählt nur Sieg,
doch die besten Kräfte frisst der Krieg.
Der Krieg ist grässlich, ist nicht bunt,
auf dem ganzen Erdenrund.

Was hat man Tränen schon vergossen?
Wieviel ist Blut dahin geflossen?
Umsonst, umsonst und viel zu viel,
der Gehorsamkeit nur stets zum Ziel.

Gehorsam wem, das ist die Frage?
Der ist des Friedens größte Plage.

Ich hab Ehrfurcht vor solch Edelmut,
doch zu billig ist das Heldenblut.
Was ich jetzt sag, ergibt auch Sinn:
In Zukunft geht dort niemand hin!

Frohe Botschaft

Es ist übervoll, das Tränenmeer,
tritt aus den Ufern, rings umher.
Hört auf zu weinen, liebe Frauen,
ihre Mütter, kommt den Frieden schauen.

Wir bauen dran an dem Konstrukt,
das der Krieg dann wieder schluckt.
Nicht verzagen, Brüder, Schwestern,
heut ist nicht Frieden, auch nicht gestern.

Doch kommt die Zeit, das merket euch,
dann sind wir alle Menschen gleich.

Dann hat der Krieg geendet,
der Frieden ist versendet,
hinaus, wohin die Gräber stehen.

Der Krieg kann nicht mehr weiter gehen,
da ich mir sicher bin.
Ihr werdet es schon sehen,
weil niemand geht mehr hin.

Frieden mit einander!

Die Geschichte ist ein weites Feld.
Seit langer Zeit besteht die Welt.
Viel später erst, fast schon zum Schluss,
kam erst der Mensch, zum Überdruss.

Zur Zierde war er ausersehen,
doch er wollt nicht nach den Regeln gehen.
Lebte außerhalb vom Regelwerk,
gab der Liebe nie sein Augenmerk.

Nun ist er kriegerisch und roh!
Seit jener Zeit ist er nun so.
Macht sich selbst kaputt und seine Brut.
Solches nur der Mensch noch tut.

Seit Anbeginn, seit Abel, Kain,
macht er sich selbst nur Angst und Pein.
Kaum war er friedlich in der Zeit,
war beinahe immer kampfbereit.

Ihr Menschen, die ihr einzig seid,
von Anbeginn der Schaffenszeit,
gebt endlich Frieden miteinand,
in euren Häusern, eurem Land.

Deutschland auweh!

Deutschland, Deutschland über alles....
doch nur im Fall des Falles.
Tief ist die Schlucht in die es fiel.
Ein großes Land ganz ohne Ziel.

Geleitet von der Mutterkuh,
ihr folgt das Volk noch blind.
Weil alle Deutschen, nicht ich und du,
blos Herdenviecher sind.

Wie lässt sich sonst der Umstand künden,
dass das Land zum Abgrund gleitet?
Das Volk, das blind und taub schon ist,
wird mutwillig fehlgeleitet.

Vor kurzem hat man frisch gewählt.
Kaum sind die Stimmen ausgezählt,
da denkt man laut an neue Wahl.
Das Volk allein trägt nun die Qual.

Nun rührt man frisch im Topf herum
und hofft auf Hilfe um und um,
dass sich die Stimmen merklich mehren.
Nur von der Hoffnung kann man zehren.

Wie Deutschland singt ist schauderhaft.
Ein Land ganz ohne Eigenschaft.
Nicht ist das Land an allem schuld.
Der falschen Glucke gibt man Huld.

Ohne Schrot und Korn

Jamaika nahm man sich als Maß,
weil ohne Boden ist das Fass
und schwarz und blau und pink und grün
nicht mehr an einem Strange ziehn.

Wie hat man sich das nur gedacht,
ganz Deutschland in der Farbenpracht?
Jamaika bleibt wo es jetzt liegt.
In Deutschland hat es nicht gesiegt.

Im hohlen Fass ist noch nichts drin,
nur Geschäftigkeit nach außen hin.
Deutschland wird korrupt regiert
und hat sich in der Welt blamiert.

In der EU ist es ein Führerstaat,
wo das Volk jetzt keine Führung hat,
weil die Führung nur sich selbst verehrt
und das Volk sich nicht dagegen wehrt.

Millionen Menschen ohne Ziel.
Die Regierung ohne ein Profil.
Das Land von der Elbe bis zum Rhein
sinkt in den Lobbysumpf hinein.

Du deutsches Land aus Schrott und Korn,
hast deinen Führer längst verlorn,
bist auf der Suche nach dem Sein,
du stellst die falschen Führer ein.

Im Schein der Fackel

Lang hab ich geglaubt, was mir gesagt.
Lang hab ich zu wenig nachgefragt

und viel zu lang war ich ein Herdentier.
Für die Wahrheit hatt` ich kein Gespür.

Was mir vorgemessen wurde, war mein Maß
und Lügen gab man mir zum Fraß.
So vegetierte ich dahin, ganz kümmerlich.
Mein Gewissen war in Aufruhr, innerlich.

Hab vor dem Sündenfall mich arg gescheut
weil der Priester mir hat solches eingebläut.
Die Hölle schien mein einzig Lohn.
Was ich da lebte war ein Hohn.

Inzwischen las ich Bücher haufenweise.
Längst schon bin ich störrisch nicht mehr leise,
weil die Wahrheit wurde mir verdreht,
so wie sie in der Bibel steht.

Wer hat das Buch der Bücher einst geschrieben?
Wo ist der Wahrheitsnachweis nur geblieben?
Warum hat die Kirche nicht danach gelebt?
Warum hat sie nach der Wahrheit nicht gestrebt?

Es floss das Blut der armen Seelen,
weil Menschen töten, Menschen quälen
war wohl der Christenheit ihr Recht.
Die Christen waren kaum gerecht.

Verwerflich ist nun jede Religion,
die nur Verbote hat zu ihrem Lohn,
die nicht auf Mitleid aufgebaut,
die nur nach dem eigenen Ego schaut.

Ein solches Vorbild gab man mir zum Ziel.
Inzwischen weiß ich drüber viel zu viel.

Mein Gewissen leb ich, aber
verzichte ich auf das Palaver.

Was ich hier sag ist nicht von Wert,
weil mancher sieht das umgekehrt.
Ist auch sein Recht, es so zu halten,
sein eigenes Leben zu gestalten.

Mir graust es sichtlich vor dem Bild,
das Christentum einst teuflisch wild
mit Blut getränkt, mit Kot beschmiert.
Vom Bild der Kirche bin ich irritiert.

Was sicher heute anders ist, inzwischen,
doch lässt sich das Blut nicht mehr verwischen,
was in Strömen floss, im Schein der Fackel.
An der Kirche haftet noch ein Makel.

Wie noch heut manch christlich Würdenträger
sich benimmt als wär er Kammerjäger
und in Gottes Schafstall unterwegs,
Das hohe Ross passt keineswegs.

Ungesühnt bleibt schuldig

Lässt du es zu, dass sie dich schlagen,
dann wirst du weiter Lasten tragen
und zwar schwerer noch als es erlaubt.
Von deiner Freiheit bist du frech beraubt.

Weil dein Recht auf Freiheit sich verliert
sind deine Gegner inspiriert
und legen dir noch Lasten drauf
bis über deine Kraft hinauf.

So geht das Spiel nun weiter fort.
Für den Gegner wird das Spiel zum Sport,
er betreibt es weiter rigoros.
Für dich ist es der Todesstoß.

Stehst du nicht auf mit letzter Kraft,
hält man dich bald für abgeschafft
und ausradiert aus den Analen.
Ein zu hoher Preis war zu bezahlen.

Darum achtet drauf, was man dich zwingt,
ob es dir den Vorteil bringt
den sich Andere davon erwarten.
Das ist ein Spiel mit gleichen Karten.

Lass es nicht zu, dass man dich schlägt
und man von deinem Vorteil trägt.
Wieg ab, bevor du dich entscheidest,
dass du nicht Andere beneidest.

Denn gleiches Recht im gleichen Spiel,
so heißt ein gleich berechtigt Ziel.
Haut man auf dich nur einmal hin,
so bemesse gleich die Wirkung drin.

Nimm den Täter so in Augenschein,
schlag in dieselbe Kerbe ein.
Halt nicht still, sei nicht geduldig,
denn ungesühnt bleibt immer schuldig.

Hast Schulden du so angehäuft
dass ungünstig sich die Schuld beläuft,
dann hilft nicht jammern und nicht schelten.
Du sollst Gleiches nur mit Gleichem gelten.

Ablassdom

Was es einst gab ist lange her,
nur Kriege, Not und viel Bescher
und in der Stadt, im heilgen Rom
dort baute man den Petersdom.

Die Kuppel ist gewaltig groß,
der ganze Bau einfach famos
und Stein auf Stein mit großer Kraft
hat man den Bau nun doch geschafft.

Wo nahm man nun die Mittel her?
Die Welt war ärmlich, bitte sehr,
doch Päpste gab es, wohl durchdacht,
die haben Summen aufgebracht.

Der Sündenpfuhl war grässlich groß.
Die Päpste lebten dort famos,
in Bordellen haben sie flaniert,
das hat die Geister inspiriert.

Zum Bau des Doms war Geld vonnöten.
Das kam nicht von den Himmelsflöten,
da mussten andere Mittel her.
Wozu hat man Volk, nun bitte sehr.

Man hat Ablassgelder heim gekarrt.
Das Volk hat man ganz schön genarrt,
Denn wer Sünden hatte, war verdächtig.
Der Papst in Rom war übermächtig.

So baute man nun Stein auf Stein
am Bau die Ablass Gelder ein.
Das Volk war von den Sünden trächtig
der Dom gedieh zu gleich ganz prächtig.

Und auf dem ganzen Erdenrund
taten Priester nun die Weisheit kund:
„Wer Sünden hat, kann sie verkaufen,
der muss nicht in den Beichtstuhl laufen.

Gebt Leute her, nun euren Kiss,
Vergebung wird dadurch gewiss.“
Und wieder wuchs der Bau in Rom.
Wir nennen ihn den Ablassdom.

Der Papst war für sich eine Rasse,
im Geschäftemachen eine Klasse.
Ihn bringt auch heut noch nichts ins Wanken,
denn heut unterstützen ihn die Banken.

Langsam sterben

Du kriechst daher mit Müh und Not,
hast Sorgen um dein täglich Brot,
die Butter drauf wär auch nicht schlecht,
doch deine Welt ist ungerecht.

Kinder hast du deren vier.
Einst waren sie dir Stolz und Zier,
jetzt liegen sie dir auf der Tasche,
ein jedes mit der eigenen Masche.

Du arme Frau, was kannst du tragen,
an Sorgen und an üblen Plagen?
Was sollst du tun, wenn Mittel fehlen?
Wer hat das Recht dich so zu quälen?

Dein eigener Traum ist längst zerplatzt.
Wie warst du anfangs aufgekratzt
und voll der Hoffnung auf das Ziel,
doch sahst du bald das falsche Spiel.

Dein eigener Mann brach dir die Ehre,
mit Alkohol und der Affäre,
mit der jungen, hübschen Nachbarin,
doch die Familie lag in deinem Sinn.

Was hältst du aus mit deiner Kraft?
Doch meistens bist du arg geschafft
und steigt die Not dir ins Gemüt.
Du selber bist schon abgeblüht.

Keine Hilfe lässt man dir gedeihen,
doch musst du immer nur verzeihen.
Trägst weiterhin das schwere Los,
wie lange noch, warum denn blos?

Dein Mann versinkt im Alkohol.
So ist deine Welt mit Sorgen voll.
Deine heile Welt, total in Scherben.
Kein Leben mehr, nur langsam Sterben.

Verweigerung

Es marschierten Soldaten für Kaiser und Reich.
Sie marschierten so zackig im Gleichschritt ganz gleich.
Sie marschierten noch singend, ob auf Urlaub es ging.
Da fragt sich so mancher: Was war das für 'n Ding?

Die Reihen geschlossen, die Fahne gehisst.
so sah einst das Bild aus, vom Militarist.
Unter dem Hut nur das wehende Haar,
weil das noch vor Zeiten die Schlachtordnung war.

Der Kurat gab Segen und den Zuspruch noch drauf,
Das war dann der Eintritt für den Himmel hinauf.
Dass mancher getroffen nur hinfallen kann,
da stieg man nur drüber, nur immer voran.

Mit Hieben und Stechen und Hauen aufs Haupt
hat man schon damals einander das Leben geraubt.
Der Feldherr war sicher, die Entfernung schön groß.
Soldaten haut nieder, nur immer drauf los.

So sah einst der Krieg aus, nur Elend und Tod.
Wer den Befehl hat verweigert, der hatte die Not.
Für den war der Krieg aus, bevor er begann.
Schon war es zu spät, auch wenn er sich besann.

Hätte Verweigerung jemals die Schule gemacht,
dann hätt der Soldat den Feldherrn belacht
und einer hätte den anderen dazu inspiriert,
dann wären die Kriege zum Glück nicht passiert.

Die Garantie gibt es nie

Als Habsburg noch groß war,
war der Mensch winzig klein,
der passte, als Gleichnis,
in die Schuhschachtel rein.
Der Kaiser war Schirmherr, wenn hat er beschützt?
Dem einfachen Menschen hat das nicht genützt.

Der einfache Mensch
war wie im Bach drin der Sand.
Er war einfach nur da, war immer Bestand.
Er kriegte nicht Sold und keinen Gehalt,
er war im Habsburgerreich nur eine Jammergestalt.

Hat der Kaiser, den Fürsten, den Krieg an geprobt,
dann wurde der Ärmste ins Heer angelobt.
Dort zahlt er mit Blut und mit Knochen noch drauf.
Der Kaiser wollt höher und höher hinauf.

Was mit Heirat nicht ging, das macht´ er mit Krieg.
Oft wurd er verloren, ganz selten ein Sieg
und immer war des Kaisers Fußvolk dabei,
Wie es sich so anfühlt, war ihm einerlei.

In den Palästen dort lebt sich´s so herrlich und fein
Hätt man einen Wunsch frei,
ein Monarch müsst man sein.
Nun sind sie gestorben oder weg von der Macht.
Ihr Wegfall hat den Menschen die Freiheit gebracht.

Ihr Leute, ihr Bürger, so denkt immer dran,
dass man in Knechtschaft nicht leben mehr kann.
Haltet steif eure Ohren, eine Garantie gibt es nie,
dass nicht ähnliches treibt, die Demokratie.

Frisch heraus

Von Stund zu Stund, von Wort zu Wort,
das alte Jahr schleicht sich schon fort.
Des alten Jahres Reste rinnen,
Ein gutes Jahr will ich beginnen
Nun mach ich meine Meinung kund:
Viel Schund kam auch aus meinem Mund.

Die Last des Lebens die mich drückt,
macht mich verzagt, macht mich verrückt.
Die große Kunst, nur zu gefallen,
das größte Übel ist´s von allen.
Immer nur ein Lächeln zeigen,
so schien zu sein mein Lebensreigen.

Könnt ich nun sagen was ich will,
wär meine Umwelt nicht so still,
wär im Büro manch Bürokrat,
schon auf der Palme, in der Tat

und manchem Götzendiener wüchs fürwahr
auf seinem Kopf nur graues Haar.

So aber wieg ich meine Worte ab
und drück mich aus, auch oft zu knapp
und in manchen forschen frechen Sinn
da liegt oft nicht die Würze drin,
wie ich sie vor hab auszudrücken.
Meist muss ich Gräben überbrücken.

Die Wahrheit leidet oft, mitunter
und ich selber leide auch darunter.
Wenn Wort und Sinn sind zu konträr,
find ich die Welt nur ordinär.
Nur Schwätzer und nur Schaumaufschneider,
das ist mein Umfeld, leider, leider.

Ich selber fühl mich oft ertappt,
dass ich des Wortes Sinn gekappt
und rede nach der falschen Zunft.
Mich quält die eigene Unvernunft.
Oft hab ich falsch es angefasst,
nicht hat zum Wort der Ton gepasst.

So Leute, nun ist aus das alte Spiel.
Die Wahrheit mach ich mir zum Ziel.
Kein Ton erklingt nach falschen Noten.
Ich geh meinen Weg auf eigenen Pfoten,
baue keine Brücken, keinen Steg,
nur grad drauf los, so läuft mein Weg.

Wer mit mir geht, dem sei gewarnt!
So mancher Schalk liegt dort getarnt
und hiebt und sticht in unsre Zier.
Schon klaffen Wunden dort und hier.

Auf geradem Weg muss man auch leiden,
doch will ich falsche Töne meiden.

Mein Wille ist nun mein Gebot,
sonst setz ich meinen Geist bankrott.
Die Zukunft werd ich richtig machen,
vor allem keine halben Sachen.
Den Weg nur noch gerade aus,
die Worte nur noch frisch heraus.

Im alten Trott

Nun geht ein Jahr schon bald zu Neige.
Ein neues spielt die neue Geige.
Noch ist der Ton erst leis zu hören,
weil noch die alten Töne stören.

Noch lastet drauf auf unsrer Brust
der ganze Mist, der ganze Frust
und Lärm und Zank im Überfluss.
Mit Silvester ist mit allem Schluss.

So ist der Vorsatz durch die Bank,
weil das alte Leben macht uns krank
und schnürt uns unsre Kehlen zu.
Das spüren wir, auch ich und du.

Von Anfang an, vom ersten Tag,
schieben wir von uns die Plag
und suchen nur den Sonnenschein,
der uns leuchtet in das Herz hinein.

So sind die Wünsche meist zu groß
und die Erwartung zu famos,
als dass es eintrifft, wie geplant.
Man hat das Ziel für sich erkannt.

Das Rauchen wollte man beenden,
die finanzielle Lage soll sich wenden,
auch gilt der Kampf dem Alkohol.
Die Speicher sind nur halb mehr voll.

So träumt dahin so mancher Geist,
doch lebt er noch, voll eingeschweißt
in seiner Welt, wie eh und je.
Als Entschuldigung ein „ Jemine"!

Weil frisch beginnen ist so schwer.
Wo nehm man neue Kräfte her,
womit die Gewohnheit ist zu streichen?
Man geht den Weg nach alten Zeichen.

So strömt das neue Jahr herein,
es soll besser als das alte sein,
doch Veränderung geht nicht geschwind
und mancher Alte bleibt ein Kind.

Die Gewohnheit

Die Gewohnheit ist ein starkes Band,
das ist uns allen gut bekannt.
Der Mensch ist nur ein Herdentier,
die Gewohnheit nimmt er sich als Zier.

Die Gewohnheitsrechte sind verpönt
und Veränderung das Leben krönt.
Der alte Schrott ist oft noch gut,
doch nichts für die Veränderung tut.

So ist das Alte noch das Maß,
das Neue wie ein Pulverfass,
welches hochgeht oder sich nicht rührt.
Ihm die Sorgfalt nur allein gebührt.

Was alt ist, ist man schon gewohnt,
ist lang geübt und gut gekonnt.
Aufs Alte ist total Verlass,
dagegen steht das Pulverfass.

So schwankt der Geist einst her und hin.
Im Alten liegt schon neuer Sinn.
Das Alte morsch, das Neue frisch,
es ist nicht Fleisch, es ist nicht Fisch.

Weil wer alles nur erst halb betreibt,
dem nicht einmal die Hoffnung bleibt,
dass Veränderung für Zukunft wird.
Er nur im alten Plunder stirbt.

Mach du es neu, bis auf den Keim,
halt es zusammen fest wie Leim
und dein Leben steht im neuen Licht,
weil es mit Gewohnheit bricht.

So ist das Spiel

Noch sitzen zwei vom Staatenbund,
schon manchen Tag, schon manche Stund,
noch ohne Urteil hinter Mauern.
Ich bin ein Mensch, muss sie bedauern.

War auch ihr Ziel bislang zu hoch,
die Zeit wird reifen, sicher noch.
Die Wahrheit drängt nach oben hin.
Das war der Grund, der Beiden Sinn.

Nur eines war ganz schlecht gedacht,
das hat ihnen Unglück eingebracht.
Ganz ohne Macht und ohne Schuss,
steht ein Mensch allein auf schwachem Fuß.

Ist man nicht mächtig und nicht reich,
ist der Elite man nicht gleich,
ist man im Grund ein armer Wurm,
dann landet man im Narrenturm.

Die Gewissheit die uns nährt

Nimmst du dir vor, ganz inniglich,
es soll sich bessern was für dich,
allein der Wunsch steckt längst schon fest.
Du hast keinen Zugang für das Fest.

Was du erhoffst, du armer Tor,
ein anderer schiebt den Riegel vor.
Du kommst nicht rein in das Gemäuer,
wo alles gut ist und recht teuer.

Du kannst nur auf den Zehenspitzen
spähen durch die Mauerritzen,
was sie dort treiben, mit Humor.
Staunend stehst du da davor.

Warum bist du im falschen Boot?
Dein Tag beginnt schon mit der Not.
Du kämpfst zwar brav, doch ohne Ziel.
Was du erreichst, ist gar nicht viel.

Was du erkämpfst, der kleine Rest,
davon man dir nur Reste lässt,
alles andere frisst die Sondersteuer.
Wie ist dein Lebenskampf so teuer.

Mein lieber Freund, ich geb den Rat,
mir geht es ähnlich, in der Tat,
auch ich kämpfe mir mit Mühen ab,
was ich noch brauch bis hin zum Grab.

Wir sind am falschen Platz geboren.
Wir haben drinnen nichts verloren,
wo sie nur huren und nur prassen
und uns die Krümel übriglassen.

Mein lieber Freund, sei mir nicht bang,
ein Leben dauert nicht so lang.
Am Ende sind wir alle gleich,
wir als Arme, auch der Scheich.

Neuanfang

Jahresend zu später Stund!
Ich nehm kein Blatt mir vor den Mund,
weil was sich tat in den Gezeiten
darüber lässt sich trefflich streiten.

Es schwankt das ganze Weltgebilde
und rumort und ächzt es im Gefilde,
so dass mir ängstlich wird und bang.
Von mir aus steht die Welt nicht lang,

Vom Polareis schon die Fluten schwemmen
und niemand kann das Schmelzen hemmen.
Das Klima setzt sich schon zur Wehr.
Vom Meer kommt mancher Sturm schon her.

Nur Not und Kriege überall.
Die Welt regiert das Kapital.
Der Mensch hat längst sein Ziel verloren,
er hat den Mammon auserkoren.

Sieh an den Globus, wie er leidet,
von niemandem wird er beneidet.
Die ganze Welt wird falsch gelenkt,
weil nur an sich der Mensch noch denkt.

Weil er sich für den Schöpfer hält.
Was er so treibt, ist weit gefehlt.
Wie er sich anstellt, ist ein Graus,
das hält die Welt nicht lange aus.

Am Menschen noch die Welt zerbricht.
Es gibt die letzte Hoffnung nicht,
dass er noch einlenkt, sein Verhalten,
dass er die Welt wird sacht verwalten.

Zu spät, zu spät der Einkehrschritt!
Die Welt macht das nicht länger mit.
Der Mensch macht sich dann aus dem Staub,
er ist verschwunden, mit Verlaub.

Und irgendwann in den Gezeiten,
wird ein neuer Mensch die Welt beschreiten,
dann fängt das Spiel von vorne an,
so wie es nur der Mensch so kann.

Bis zum Exzess

Das Volk hält still bis zum Exzess!
Die Macht zieht Fäden noch indes
und schnürt dabei gewissenhaft
das Volk zum Krüppel mit der Kraft,
die beherrscht und formt ganz vehement.
Das Volk nicht die Gefahr erkennt.

Der Fortschritt ihm ins Auge sticht,
sieht die Gefahren seiner Handlung nicht
und rennt dorthin, wo es so glänzt.
Das Leben wird mit Last ergänzt,
weil was man hat, das hat man eben.
Man gönnt ja sonst nichts sich im Leben.

Die Macht, die weiter Fäden spinnt
und weiter Macht am Volk gewinnt,
zieht wieder enger nun die Schleife.
Dem Volk gebricht es an der Reife
für die eigenen Fehler einzustehen.
Sind die Menschen blind, obwohl sie sehen?

Nun ist das Netz der Macht so dicht,
dass niemand durch die Maschen bricht.
Zu spät, zu spät, die Chancen schwinden
den Weg zum Ausgang noch zu finden.
Wer am Fortschritt einmal mitgeknabbert,
der auch weiterhin sein Credo plappert.

Mensch halt ein

Mensch, wie ist dein Leumund schlecht.
Du bist kriegerisch und ungerecht,
trittst den Schwächeren mit deinen Füssen.
Das wird sich ändern müssen.

Mensch, wie bist du arrogant,
hast selber dich schon Gott genannt.
Du glaubst wohl deine Kraft reicht aus.
Kehr endlich vor dem eigenen Haus.

Mensch, wie ist dein Sinn verkehrt,
hast selber dir oft Schmerz beschert
bis hin zum bitteren Tod.
Vergönnst dem Nachbarn nicht sein Brot.

Mensch, wie ist dein Sinn verblendet.
Wie hast im Tod du oft geendet,
bevor das Alter du erreichst.
Mensch, du einem Tölpel gleichst.

Mensch, wie liegt der Dank dir fern.
Am meisten hast du selbst dich gern.
Bedenkst nicht, dass du auch geschaffen.
Was du so treibst, beschämt den Affen.

Mensch, wie ist dein Herz so kalt,
nützt nicht Liebe, nur Gewalt,
trägst nichts zum Wohl des Menschen bei.
Der Nächste ist dir einerlei.

Mensch, wie stört dein Eigensinn.
Du lebst in einen Taumel drin
und merkst nicht wie die Zeit vergeht,
wie der Tod vor deiner Türe steht.

Mensch halt ein und frag dein Herz,
wie fühlst du Liebe, wie den Schmerz.
Nimm Maß an dem und gib es weiter.
Besinne dich und werd gescheiter.

Der Mensch hat Schuld

Es war einmal ein Paradies.
Das ist vorbei, das ist gewiss.
Die Erde war von Farben bunt,
nur Harmonie am Erdenrund.

Da hat Gott den falschen Griff getan,
der fühlt sich heut als Fehler an.
Die Krönung wollte er erschaffen
so schuf er erst den Menschenaffen.

Dieses Ding, halb Mensch, halb Tier,
war schon eine Zeitlang hier,
hat sich entwickelt, steil empor.
Der Mensch war da, der Aff davor.

Der Mensch nahm sich die Rechte gleich,
er war der Boss in seinem Reich.
Noch waren Ungeheuer kräftig
und Sturm und Wasser übermächtig.

Der Mensch war schon mit Hirn bedacht,
das hat ihn erfinderisch gemacht.
Er hat durch List und Glück bestellt,
was ihn an Kräften hat befehlt.

So weit, so gut, wär er`s geblieben,
doch bald darauf war er durchtrieben,
hob sich hervor, von seinesgleichen,
damit konnte Macht er gleich erreichen.

Man sieht, wie solche Übel enden.
Zuviel Macht hat er in seinen Händen
und spielt sie aus, zu jeder Zeit.
Doch der Mensch lebt nicht in Ewigkeit.

Weil dies so ist, rafft, was er kriegt
und keine Sorge dem obliegt,
was nach ihm kommt, als Lebewesen,
weil wenn er tot ist, ist`s gewesen.

Keinen Blick er seiner Umwelt gönnt.
Was Gott erschuf, er so verhöhnt.
Was ewig ist, will er erreichen.
So steht auf Sturm, sein Lebenszeichen.

Als Fehlgriff steht der Mensch heut fest,
der als Zerstörer meist die Welt verlässt.
Vorbei ist lang das Paradies.
Der Mensch hat Schuld, das ist gewiss.

Die Selbstdarsteller

Deutschland, Deutschland, wie liegst du flach.
Das deutsche Volk klagt Weh und Ach,
hat kranke Führer vorne stehen,
die nicht das Wohl des Volkes sehen.

Der Kulturverfall geht immer schneller
und vorne weg, die Selbstdarsteller.
Du deutsches Volk, wie liegst du tief,
dein Staatsgefüge steht schon schief.

Das Ergebnis von der letzten Wahl:
GroKo, nein, auf keinen Fall.
Die Großparteien abgeschröpft,
die Möglichkeiten ausgeschöpft.

Durchs Land zieht nun die neue Kunde.
GroKo neu, macht nun die Runde,
weil auf dem alten Plattenteller
drehen sich zwei Selbstdarsteller.

Du deutsches Volk, wie bist du blind,
merkst nicht, wer die Zwei wohl sind?
Der Abwärtstrend geht nicht mehr lang,
er führt grad in den Untergang.

Macht Schluss mit diesem Mienenspiel.
Der Mimik ist es schon zu viel,
schiebt sie hinweg, hinaus zur Tür.
Ich schäme mich für euch dafür.

Die Steuerlast

In unserer Welt gibt es ein Schaf,
das trägt die größten Lasten brav
und bürdet sich mit Sorgen voll,
nicht nur allein ums eigene Wohl.

Der Bürger ist den Eseln gleich!
Bis auf den Punkt stimmt der Vergleich.
Es schleppt der Bürger einen Sack,
er schultert schwer ihn, huckepack.

Nicht ist genug, was jener leistet.
Das Steueramt hat sich erdreistet
und hängt dem Bürger Steuern an.
Das dumme Volk gewöhnt sich dran.

Was der Bürger alleweil erduldet,
hat er bisweilen selbst verschuldet.
Er selber hat sie ausgefasst,
was man so nennt, die Steuerlast.

Seine Leistung wird dadurch verzehrt.
Zu wenig hat er sich gewehrt,
nur aufgeladen, aufgebunden.
Der arme Esel wird geschunden.

Heut zahlt er Steuern, wohlgemerkt
und diese Last ist arg verstärkt.
Es gab Steuern schon seit Anbeginn.
Der Zehent gab man früher hin.

Wie war die Steuerlast einst kleiner!
Heute sind es von zweien Euros, Einer,
weil in einem Fass mit einem Loch
verschwinden immer Summen noch.

Doch er steht nicht auf, aus seinem Trott,
auch wenn ihn erdrückt die größte Not,
tilgt er mit unermesslicher Geduld
noch weiterhin die Steuerschuld.

Weil er schon stumpf und nicht mehr denkt,
wird er von auswärts ferngelenkt
und trägt und schleppt sein schweres Los.
auch ist es noch so riesengroß.

Es nützt nichts wenn er heimlich schimpft.
Beizeiten wird ihm eingeimpft:
„ Trag, was du verschuldet hast,
trag weiterhin die Steuerlast.“

Illu........

Wenn der Bürger wüsst, wer ihn regiert
dann wär er sicher sehr blamiert.
Nichts ist so wie es scheinbar scheint
und wie es meist der Bürger meint.

Nicht die Regierung hat bei uns die Macht.
Wenn das so wär, das wär gelacht.
Sie sind auch Marionetten nur,
Befehlsempfänger in Reinkultur.

Wer uns den großen „Segen“ bringt
und uns zu allen Übeln zwingt,
die sind unsichtbar in ihrem Reich.
Für uns Bürger sind sie Geistern gleich.

Ich getrau mich nicht die Namen nennen
und will nicht einen selber kennen.
Ich fühl mich bedroht vom Hinterhalt,
denn ihre Macht ist die Gewalt.

Ich ahne ihre Machtstrukturen,
vor der fast alle Menschen spuren,
die das Gleichgewicht der Welt jongliert,
das zu Machtzuwachs für diese führt.

Ich bin leider nur ein Unbekannt,
in der Weltgeschichte nie genannt,
bin Gott sei Dank nur der ich bin,
bin Einer in der Masse drin.

Dort drinnen will ich, muss ich bleiben,
kann weiterhin Gedichte schreiben.
Ein Nobody bin ich leider blos,
doch die Ahnung lässt mich nicht mehr los.

Ausverkauf

Das Volk ist müd, es döst im Schlummer.
Zu viele Sorgen hat es und viel Kummer.
Müd ist der Körper, müd der Geist.
Er ist von Problemen eingekreist.

Da ist nicht Platz, da ist nicht Zeit,
da ist nicht Raum für Einigkeit.
Kein Funke regt die Sinne an,
der noch was verändern kann.

Apathisch wandelt es dahin.
Im Wandel ist kein Leben drin
und selber denken bringt nichts ein.
Die Gewissheit kommt im Nachhinein.

Es ist ferngesteuert von den Mächten,
die nur totale Knechte möchten.
Rund um die Uhr nur schaffen, schaffen.
Das Hacklervolk macht sich zum Affen.

Da ist kein Sinn für die Kritik.
Da ist kein Aug für scharfen Blick.
Da ist kein Herz für Hungerleider.
Da ist nur Hektik, leider, leider.

So wird das Volk zu Grund gerichtet.
Der Wohlstand wird ihm angedichtet
und die Meinung hat es längst verloren.
Es hat den Reichtum auserkoren.

Zu welchem Preis lässt es sich schinden?
Mit welchem Strang lässt es sich binden
und welches Gift nimmt es zu sich?
Nur Negative unterm Strich.

Ein Volk, das sich nicht Volk mehr nennt,
ein Volk das die Kultur nicht kennt,
ich sag es euch, das gibt sich auf,
das ist längst schon unterm Ausverkauf.

Zusammenlegen

Man will halt des Profites wegen
jetzt Eins und Eins zusammenlegen.
Die Summe ist dann nicht mehr Zwei,
nur halb so viel, das ist dran neu.

Was einst einmal Filiale war
und gut gedient, so manches Jahr,
das gilt nicht mehr, das ist vorbei,
weil Eins und Eins ist nicht mehr Zwei.

Zwei weg Eins, so rechnet man,
damit man mehr verdienen kann.
Auf Profit ist nur der Sinn gerichtet,
weil damit wird er verdichtet.

Man auf Sparsamkeit den Wert nicht lege.
Man schafft damit die langen Wege.
Man will es nicht provinzial,
man meint, was gut ist, ist zentral.

Kindergarten, Gemeindeamt,
Polizeidienststellen allesamt,
einen Bahnhof gibt es bald nicht mehr,
die Gebäude dafür stehen leer.

Das Volk ist sichtlich irritiert,
auch der Bürger wird zentralisiert.
Mit Strichcode, Karten und dergleichen,
will man bei ihm es auch erreichen.

Dem allen gilt mein Widerstand.
Man handelt gegen den Verstand.
Was auch geschieht in unsren Zeiten,
man lässt sich nur vom Mammon leiten.

Doch Zusammenlegen find ich fein.
Eins und Eins ins Bett hinein,
das wär zurzeit ein guter Brauch,
für diese Masche stimm ich auch.

Beginn der neuen Zeit

Wann ist es denn so weit,
der Beginn der neuen Zeit?
Wenn der Bürger steht im Recht,
nicht länger ist er Knecht?

Nicht länger ist er Untertan,
mit dem man alles machen kann,
der mit den Achseln zuckt,
der alles runterschluckt.

Apathisch lebt auf Schritt und Tritt
und immer hat er Sorgen mit,
der nur in seinem Zweifel wohnt,
nicht erkennt den freien Horizont.

Dort wo auf den lichten Höhen,
hell die Sonnenstrahlen stehen,
wo abends steht das Abendrot.
Vor lauter Gram ist er halb tot.

Wann steht er auf zur vollen Größe?
Wann gibt er sich nicht mehr die Blöse,
ballt er die Faust nun voller Mut,
falls nicht allein, gemeinsam tut?

Gemeinsam ist die Masse stark,
hat freien Sinn und frisches Mark,
reißt jedes Übel vollends ein.
Wie schön ist es so frei zu sein.

Dann rückt die neue Zeit heran.
Der Untertan wird freier Mann
und jede Frau und jedes Kind,
sie alle freie Menschen sind.

Dann lebt die Welt in neuem Glanz.
Fort ist die große Ignoranz,
Unterdrückung ist nun endlich weit,
ist der Beginn der neuen Zeit.

Deutschland ade!

Du deutsches Volk hast dich verirrt,
bist am Gemeinwohl nicht mehr interessiert.
Die Hochfinanz hält dich im Zaum.
Du schaust auf deine Bürger kaum.

Du deutsches Volk, du bist bestraft,
weil immer bist du unbedarft.
Dich hält in diesem Taumel drin,
eure liebe, gute Kanzlerin.

Was ihr mit eurem Fleiß geschafft,
das ist beinah dahin gerafft,
kommt längst nicht mehr nur euch zugute.
Mir ist, wie euch, nicht wohl zumute.

Warum lässt ihr das Schicksal treiben?
Wollt ihr damit Geschichte schreiben?
Euer Volk bedroht der Untergang.
Ich höre schon den Grabgesang.

Die deutsche Sprache ist dahin.
Kein Wort gibt mehr den deutschen Sinn.
Die Wörter sind nicht klar und frisch
sind nur ein schlechtes Sprachgemisch.

Verkauft sind alle deutschen Werte.
Das deutsche Volk spürt schon die Härte,
spürt die Bedrohung und die Not.
Das arme Volk kämpft um sein Brot.

Weil anderseits schier große Massen
von der Kanzlerin hereingelassen,
die sind dem Volk ein Klotz am Bein.
Die wollen keine Deutschen sein.

Du deutsches Volk raffst du dich auf
und stoppst du noch den Ausverkauf.
Besinnst dich auf dein deutsches Wort.
Wenn nicht, dann seid ihr Deutschen fort.

Bestandsaufnahme

Mit Kampf und Krampf dem Machterhalt,
das Beziehungsklima, eisig kalt,
kaum ein Satz, der nicht gelogen,
der treue Wähler wird betrogen.

Dem ganzen Tun gebührt Kritik,
ein Pfui für diese Politik.
Was dort geschieht seh ich mit Grausen
und das passiert in Deutschland draußen.

Ein Volk, dem solches widerfährt,
ist wohl zu wenig aufgeklärt,
ist zu geduldig, allezeit,
lässt sich zerschlagen, kurz und breit.

Die Verantwortungsträger in dem Land
gehen nicht dem Volk zur Hand,
sind nur ein Teil der großen Macht.
Wann zieht man sie zur Rechenschaft?

Wie hat das Volk sich oft geplagt,
hat auch am Hungertuch genagt,
hat Krieges Wehen hingesteckt,
ist im Bombenhagel aufgeschreckt.

Hat Haus um Haus und Raum gebaut,
hat kaum jemals auf sich selbst geschaut,
hat die Arbeit immer brav getan
und immer schafften andere an.

So wie es war, so ist es heute.
Die Elite schaut nicht auf die Leute,
sie schiebt nur ihren Reichtum fort,
zur Not an einen sicheren Ort.

Überall in Stadt und Städten
gibt es sie schon, das möchte ich wetten,
die Tunnels für die Sicherheit,
wo sie verbringen, dann die Zeit.

Wohin soll dann das Volk nur rennen,
wenn Atom und Gift das Land verbrennen?
Wie schwer ist dieses zu verstehen?
Für das Volk ist es nicht vorgesehen.

Für das Volk, das alle Lasten trägt,
sind nur Steine in den Weg gelegt,
sind Steuern immer neu erfunden.
Ein Volk in Schmerzen und in Wunden.

Und vorne weg, die großen Macher,
sind im Tunnel drin, die feinen Lacher.
Dem Volk ist solches nicht vertraut,
doch mit Steuergeld wurd es gebaut.

So ist die Lage der Nation.
Es kriselt dort im Lande schon.
Wie lange wird es ruhig bleiben?
Wird die Elite es noch weiter treiben?

Mangelware

Ich schau über meinen Tellerrand,
fürwahr, da seh ich allerhand.
Seh Streit und Hader überall
und Egoismus pur, auf jeden Fall.

Gemeinsamkeit steht hinten an,
weil der Mensch sich nicht besinnen kann.
Er besinnt sich nicht auf das Gebot,
bringt seinen Brüdern Schmerz und Not.

Er ist gewissenlos auf seinem Weg,
nennt skrupellos sein Privileg
und sind auch manche krank und schwach,
die vernichtet er gleich tausendfach.

So wie es die Geschichte schrieb,
so wie es in Erinnerung blieb,
so geht es immer weiter fort
hie und da, an jedem Ort.

Die Guten sind die Minderheit,
das ist zu sehn in unsrer Zeit,
sie gehen in der Masse unter.
Manch Ehrlichkeit ist auch darunter.

Wer Macht besitzt, nützt sie gleich aus,
schreit in die Welt sie laut hinaus,
lässt für sich gleich die Puppen tanzen,
nimmt den Erfolg für sich im Ganzen.

Egoismus ist auch heut die Pest,
die viele Menschen krank sein lässt
und an Liebe ist der Mangel groß.
In Hader lebt der Mensch drauflos.

Friede ist ein großes Ziel,
kaum jemals war davon zu viel,
das Gegenteil waren all die Jahre.
Friede ist noch Mangelware.

Feuer, Feuer!

Es ist Feuer auf dem Dach,
die Welt brennt tausendfach.
Kein Retter ist in Sicht,
der dieses Feuer bricht.

Nur Zündler sind es rings umher,
sie selber spielen Feuerwehr.
Der Brandherd ist der Menschen Fluch.
Man startet einen Löschversuch.

Nun ist es dafür wohl zu spät,
weil beim Versuch nichts weiter geht,
weil die Geschichte es so schreibt,
weil beim Versuch es so nur bleibt.

Die Welt brennt weiter lichterloh,
brennt weiterhin wie trocknes Stroh.
Die Löschversuche sind gescheitert.
Der Brandherd wurde noch erweitert.

Schon steht die halbe Welt im Feuer.
Die Brandbekämpfung ist zu teuer,
sie ist auch nur ein Hirngespinst,
weil Wiederaufbau bringt Verdienst.

Die Zündler rechnen immer kühl
und Opfer gibt es im Kalkül,
gibt es sie auch millionenfach,
doch die Rendite kommt danach.

Geht ein Feuer endlich aus,
zieht man nicht die Lehren draus.
Man bemüht sich um das Feuer sehr
und löscht mit Brandbeschleuniger.

So gibt es auf der Welt fürwahr
neue Feuer, Jahr für Jahr.
Immer spielt man Feuerwacht
und immer wird es angefacht.

Man wird weiterhin die Feuer schüren
und weiterhin die Fesseln schnüren,
alles andere ist ein Hirngespinst,
weil Wiederaufbau bringt Verdienst.

Bilanz der Lüge

Die Presse spricht die Wahrheit nicht,
sie fälscht das Spiel, das ist zu viel,
manch falsches Wort, an manchem Ort,
was sie verspricht, ist kein Bericht.

Nur herunterleiern und verschleiern,
nicht dahinter stehen, Wörter drehen,
wie sie sie schlichten, sich selber richten,
was für ein Job, ganz ohne Lob.

Kein Satz, kein Wort am rechten Ort,
nicht Fantasie, nur Blasphemie,
das Volk belügen und betrügen,
dort und hier, auf dem Papier.

Texte kleckern, immer meckern,
die Rechte biegen, fälschlich wiegen
für die eigene Gunst, ist keine Kunst,
aus ihrer Zunft spricht nicht Vernunft.

Sich nicht immer nach den Winden drehen,
für ihren Schrieb geradestehen,
die Wahrheit groß, die Lüge klein,
so sollt die Medienlandschaft sein.

Was soll und ist, ist Diskrepanz,
es verschleiert jede Wahrheit ganz,
ist die Bilanz für ihre Tat,
es ist nicht mehr als Wortsalat.

Leichenschau

Im deutschen Land bahnt sich was an,
das man nicht beschreiben kann.
Dort steht die GroKo am Podest.
Sie richten sich gerad ihr Nest.

Die fetten Säcke sitzen vorn,
was sie sich haben auserkorn
und verkörpern dort nun ihre Macht.
Das Volk wird einfach ausgelacht.

Sie spielen gleich den Todesmarsch:
„ Demokratie ist für den Arsch."
So klingt es schaurig durch die Nacht.
Das Volk sitzt bei der Leichenwacht

und merkt es nicht wie es blamiert,
betrogen wird und angeschmiert.
Es ist schon längst der Farben blind,
weil alle Spieler Gaukler sind.

Das Volk starrt auf die Zauberei:
Wie zaubert man die Macht herbei?
Durch Wahlen, Wahlen, Wahlen!
Nun Volk, du musst bezahlen.

Du hast sie auch zu dem gemacht,
hast ihre Macht noch angefacht.
Erhebe nun dein hartes Wort,
schick diese Gaukler fort.

Gute Nacht!

Was deutsch einst war, ist nun verpönt.
Der Türke hat sich selbst gekrönt.
Die Syrer und die Afghanetten
tun es so ähnlich, will ich wetten.

Drin im deutschen Parlament,
dort geht die deutsche Zeit zu End,
dort machen sie sich dafür stark.
Sie sind der Krebs im deutschen Mark.

Die Sprache ist des Volkes Kron‘,
doch ist die Sprache nur noch Hohn.
Was man lernt und hört und spricht,
das ist die deutsche Sprache nicht.

Sie ist nicht stark, sie ist nicht frisch,
ist nur ein übles Sprachgemisch.
Vom Kopf bis zu der kleinen Zeh,
nur ein Produkt aus Übersee.

Die deutsche Sprache wirft man hin,
weil englisch sprechen ist jetzt in
und Fast Food und der Burger Mac,
ist ein Laberl mit gebratenem Speck.

Filme gibt es, schauderhaft,
die Kultur darin ist ekelhaft
doch schaut man hin, weil man es tut,
nach dem Schrott aus Hollywood.

Zusammen zählt das alles nichts,
vor der Bedrohung, Angesichts.
Der Thomy sitzt im deutschen Land
und hält die Zügel in der Hand.

Viel Atom hat er dort stationiert.
Auch wenn nur eines explodiert,
dann Deutsche, hört mal wie es kracht,
dann liebes Deutschland, Gute Nacht!

Der Mensch

Der Mensch muss alle Übel tragen,
weil mit Blindheit war er stets geschlagen.
Er sah nicht Gottes große Werke.
Vernichtung war des Menschen Stärke.

Der Mensch hat nicht darauf geschaut,
auf Überlieferung er nicht gebaut,
immer war das Gute schlecht
und Erfahrung hatte kaum ein Recht.

Kulturen schlug er kurz und klein.
Was war, das sollte nicht mehr sein.
Er hat manch Volk mit Kreuz und Schwert
zur neuen Weisheit es bekehrt.

So sind Völker einst, mit hohem Stand,
in unsren Zeiten unbekannt,
weil ausgerottet und vernichtet,
davon wird spärlich nur berichtet.

Stets herrschte auf der Welt Gewalt.
Noch sind die Kriege nicht verhallt,
schon werden neue ausgedacht,
ein neuer Weltenbrand entfacht.

Auf Frieden gibt's die Hoffnung nicht,
weil der Mensch stets jeden Frieden bricht,
weil er besessen ist und blind,
weil die Menschen Teil des Bösen sind.

So herrscht weiterhin nur Angst und Not,
Vertreibung, Völkermord und Tod.
Egoismus herrscht am Erdenrund,
der gibt die neuen Werte kund.

Weil Gutes nicht wird anerkannt,
weil ein guter Mensch nicht wird genannt,
weil die gute Tat versinkt im Schlamm.
Man wischt sie hinweg mit einem Schwamm.

So läuft die Welt gut eingeschmiert.
Die Menschheit sich noch weiter irrt
und der Teufel hält die Fahnen hoch.
Alles bleibt beim Alten noch.

EWR

In letzter Zeit fühl ich mich kläglich.
Es verfolgt ein Kürzel mich jetzt täglich.
EWR macht jetzt die Runde,
kürzlich schon aus Merkels Munde.

Was bisher unter vorgehaltner Hand
wird jetzt öffentlich bekannt.
Eine Welt Regierung ist das Ziel!
Haltet ein, das ist zu viel.

Die Macht der Welt nun konzentriert.
Ich sag euch schon, wohin das führt.
Wir alle sind nur Marionetten,
die nur gehorchen, möcht ich wetten.

Was lange schon wird angestrebt,
wird baldigst schon von uns erlebt.
Ein Meister sitzt am großen Hebel
und rundherum nur Knebel, Knebel.

Was Merkel spricht, ist blanker Hohn.
In Knebeln sieht sie uns nun schon.
Ihr Bild der Welt ist wohl gestört,
solch kranker Geist ist unerhört,

ist Verräterschaft in Reinkultur.
Eine Marionette ist sie selber nur,
denn jedes Wort, das aus ihr spricht,
zeugt von Komplizenschaft, aus meiner Sicht.

Wenn das so kommt, wie angedacht,
dann liebe Menschheit, gute Nacht,
dann wird niemand wieder ruhig schlafen,
dann gibt's nur Sklaven, Sklaven, Sklaven.

„Freiheit!"

Wenn ich vor mich dahin sinniere
und so den Lauf der Welt studiere,
dann kriecht die Kälte in mein Herz.
Endzeitstimmung, ohne Scherz!

Die Welt wird daraus nicht genesen.
Man muss nur zwischen Zeilen lesen,
den Sinn der Wörter drehen, wenden,
so seh ich die Gesellschaft enden,

weil Gangster nur die Fäden ziehen.
Wohin soll ich als Mensch nur fliehen,
wenn das Syndikat mit aller Macht
mir jede Flucht unmöglich macht?

Wo soll ich mit meinen Sorgen hin,
wenn ich durchsichtig, gläsern bin?
Ich bin überwacht und infiltriert,
gehirngewaschen, zensuriert.

Kein Ausweg ist aus dieser Lage?
Wer kann mir helfen, meine Frage?
Ich such ein Plätzchen, frank und frei,
befreit von Streit und Mogelei.

Ich hör schon rufen: „ Längst zu spät,
eine solche Flucht, heut nicht mehr geht.
Die Welt ist längst ein Irrenhaus,
aus der kommst selbst du nicht heraus!

Mein Geist stellt sich dagegen auf.
Ich nehm die Welt so nicht in Kauf.
Ich spür den Aufruhr in mir drin.
Mich zieht's zu Gleichgesinnten hin.

„Freiheit", schrei ich, „ ist mein Ziel,
ist das des Wünschens schon zu viel?"
Mit ganzen Kräften halt ich sie,
auch wenn sie nur noch Fantasie.

Nummer Vier

Ein Volk ist in der Geiselhaft
und lebt ganz ohne Leidenschaft.
Nun geht sie an schon stumpf und stier,
die Periode Nummer Vier.

Eine Frau beherrscht es irgendwie.
Es folgt wie dummes Herdenvieh.
Nur vorwärts, vorwärts, steil bergab,
es geht noch tiefer, tief hinab.

Kulturvernichtung steht am Plan
und überall ein kranker Zahn.
Krank ist längst schon das Gebiss,
die Zukunft äußerst ungewiss.

Die Periode Vier mit neuem Schwung
die Frau vorn als Versicherung.
Folgt nur schön und folgt nur brav.
Nun bringt die Frau das Volk zum Schlaf.

Träumt weiter, weil der Traum so schön.
Nicht denken ist so angenehm.
Der Karren läuft von selbst dahin
und drinnen sitzt die Kanzlerin.

Das ganze Fuhrwerk ist bankrott.
Das Volk bemerkt noch nicht die Not,
es döst dahin in seliger Ruh,
mit voller Kraft dem Abgrund zu.

Zu späte Erkenntnis

Was seh ich, was hör ich, wie ist mein Befinden?
Jetzt bin ich so traurig aus folgenden Gründen.
Weil sie mich beschwindeln, weil sie mich belügen,
weil sie mich um meine Freiheit betrügen.

Weil ich meine Kräfte unnötig vergeudet,
weil mir die Gerechtigkeit alles bedeutet.
Weil ich nicht so leben darf, so wie ich will.
Das alles zusammen, das ist mir zu viel.

Wie war ich bemüht, stets Leistung zu bringen.
Musste über den eigenen Schatten auch springen.
Wo ist für das alles die Löhnung dafür?
Die mich drangsalieren haben dafür kein Gespür.

Für wen hab ich täglich so grässlich gerackert?
Hab ich für die Elite meine Felder beackert?
Hab ich dieser Meute mein Leben verkauft?
Habe sicher zu wenig in Ruhe verschnauft.

Nach dieser Erkenntnis, meine Frage: was nun?
Mich reut meine Blindheit, es reut mich mein Tun.
Wie war ich bescheuert, wie war ich verraten.
Jetzt tret ich heraus aus dem eigenen Schatten.

Was mich noch erwartet, das ist nicht mehr viel,
doch dreh ich mich ringsum, das ist noch mein Ziel.
Wenn man mich nötigt, ich werd mich nicht strecken.
Wer was von mir will, der kann mich mal lecken.

Zu hoch ist der Preis

Ich bin außer mir, weil das Entsetzen mich schüttelt,
das Unrecht mich drängt, der Aufruhr mich rüttelt.
Nun rat ich die Freunde, die Kräfte zu raffen,
die Geister zu bündeln, um neue Werte zu schaffen.

Man stiehlt uns die Werte, für die wir einst warben
und für diese Werte unsre Vorfahren starben.
Für das was wir kriegen, zu hoch ist der Preis
und die uns regieren zeigen starken Verschleiß.

Längst ist verscherbelt, die Sprache, das Recht,
unser Land wird erniedrigt, der Kultur geht es schlecht,
unsre Heimat verfälscht in Farbe und Wort
und das was wir schätzen, in die Vergangenheit fort.

So ist uns die Zukunft für Zeiten verbaut.
Man hat uns Kultur und die Werte geklaut.
„ Global" ist das Stichwort, nach dem wir uns richten,
doch würde ich lieber auf „ Globales" verzichten.

Bald sind wir entwurzelt, wie Bäume im Sturm,
an Gliedern geschwächt, im Mark nagt der Wurm.
Die Städte und Dörfer von fremden Mächten geflutet.
Was andere nicht wollen, wird uns zugemutet.

Wenn Freunde marschieren, zu einem Ganzen vereint,
dann kann Vieles gelingen, so wie es mir scheint.
Wir setzen den Grundstein, bauen die Heimat uns neu.
Sammelt die Kräfte, auch ich bin dabei.

Die Kultur jedem Volk

Der Untergang droht, schon längst ist Alarm.
Spukt in die Hände, macht stark euren Arm.
Stärkt euren Willen und schärft euren Geist.
Schon liegt unser Land unserer Werte verwaist.

Setzt eure Ziele überlegen und kühl.
Trefft die Entscheidung nach eurem Gefühl.
Das Leben bringt immer Freuden und Schmerz.
Was immer ihr macht, fragt euer Herz.

Was auch geschieht im Trubel der Zeit,
seid für die Rechte zu kämpfen bereit,
doch wer nicht verwendet Geist und Verstand,
der steht bereits mit dem Rücken zur Wand.

Jeder Erfolg hat auch seinen Preis,
doch wird er es erst durch Klugheit und Fleiß.
Nicht zu vergessen, dazu auch die Härte,
dann bleiben erhalten, Bräuche und Werte.

Sind wir nicht alle auf die Heimat vereidigt?
Wie haben schon Menschen die Heimat verteidigt,
in Kämpfen und Reden, in Hitze und Glut,
auch nicht zuletzt mit ihrem kostbaren Blut.

Kämpft für die Heimat, nicht nur so zum Schein.
Lasst in das Land nicht zu viel Fremdes herein.
Die Kultur jedem Volk, das sei unbenommen.
Wer sie uns belässt, der ist auch willkommen.

Mensch monika

Mein Ziel liegt vor mir greifbar nah.
Ich such den Menschen monika.
Mein Schritt ist zögernd, wohldurchdacht,
weil ich hab Angst vor dieser Macht.

Ich fühl mich müde, fühl mich lahm
und meine Worte sind so zahm.
Ich bin so frei, doch bin ich nicht,
weil es mir an der Macht gebricht.

Treppauf, treppab, von Sorgen blind,
Menschen dort verschollen sind.
Mein Wort ist stockend, ist so leis.
Ich kenn die Story, kenn den Preis.

Noch immer dort im Labyrinth
gefangen drinnen Menschen sind,
in diesem furchtbar kalten Haus.
Kein Laut dringt je zu mir heraus.

Mit Schloss und Riegel festgerammt,
zur Einsamkeit sind sie verdammt.
Das Leben drin ist ungewiss,
wie einst im finstern Burgverlies,

verschlossen hinter Tür und Tor.
Mein Schritt steht fest, mir graut davor.
Ich zerschelle an der kalten Mauer.
In meinem Herzen trag ich Trauer.

Wie Fliegen drin im Spinnennetz,
so fängt man Menschen mit „Gesetz".
Man hält sie fern von jeder Flucht
und hält sie streng in Not und Zucht.

Dort lebt sie drinnen und verstaubt,
zu lang festgehalten als erlaubt.
Aus diesen und aus jenen Gründen
kann ich die monika nicht finden.

Ich weich zurück, bin irritiert.
Wo hab ich mich hinein verirrt?
Bin auf der Suche nach dem Licht,
doch scheinbar gibt es dieses nicht.

Armageddon

Die Situation ist schrecklich krass,
wir sitzen auf dem Pulverfass.
Die Zündschnur ist schon unter Feuer.
Der Knall am Ende, ungeheuer.

Kein Stein ist auf dem andern drauf
und Höllenschlünde tun sich auf.
Nur noch Todesatem rings umher,
nur Angst und Tod und sonst Bescher.

Wir mitten drin in dem Wirrwarr.
Nun ist das Ende sonnenklar.
Kein Aufschub mehr und keine Gnade.
Um die Menschheit ist es nicht mehr schade.

Sie hat den Bogen überspannt,
ist in das Unheil selbst gerannt,
hat falsche Meister sich erkoren
und hat den Überblick verloren.

Nun tut sich der Abgrund für sie auf,
den Untergang nimmt sie in Kauf
und hört weiterhin auf falsche Worte,
auf Führer von derselben Sorte.

Ich bin ein Mensch, ich kenn die Not
und was ich acht, ist das Gebot.
Mich als Mensch nehm ich nicht wichtig,
mein eigenes Licht ist wohl zu nichtig.

Natur und Umwelt, Mensch und Tier,
das sind der Gründe schon mal vier,
dass das Unheil sich noch wendet
und der Mensch nicht elend endet.

Schon ist die Zündschnur unter Feuer,
der Krach am Schluß ist ungeheuer.
Ergreift der Mensch noch sein Geschick,
dann hilft nur noch ein Schritt zurück.

Pressebericht

Was ist heute ein Faktum, was ist Ironie?
Was soll man noch glauben, das weiß man doch nie.
Die Presse, der Rundfunk und solches Geschnatter,
ist das noch ein Wurm oder schon eine Natter?

Bringt dieses Verwirrung oder uns Wissen?
Ich sag es schon laut, ich kann beides vermissen.
Die Leute die hinter den Zeitungen stehen,
die wollen nicht nackte Tatsachen sehen.

Sie schmieren dem Leser ihr Fett ins Gesicht.
Was Kritiker denken, das kümmert sie nicht.
Der Rundfunk ist ärger mit seinen Berichten.
Was wir von ihm hören, ist glaubhaft mitnichten.

Wird ein Wahlkampf geführt, mit geschliffener Klinge,
so ziehn sich die Kämpfer die Köpf aus der Schlinge.
Was lautstark verkündet, wird unterm Teppich gekehrt.
Obwohl Neues versprochen, wird uns Altes beschert.

Was die uns da liefern, das ist doch Betrug.
Ich versuch zu verstehen, ich werd nicht draus klug.
Man nimmt uns nicht wichtig, man hält uns für dumm.
Mir dreht sich der Magen samt Inhalt gleich um.

Ich pfeif auf den Rundfunk und dem Pressebericht.
Was die uns da liefern, das schert mich längst nicht.
Hier gilt nicht die Wahrheit, vielmehr ist es arm,
es berührt nur mit Argwohn meinen Magen und Darm.

Der letzte Tag

Ein Sommer kommt mit großer Hitze.
Die Elite treibt es auf die Spitze,
sie treibt den Bürger vor sich her
und ihr Verhalten schadet sehr.

Der Bürger torkelt noch im Trott.
Am Ende hat er nur den Spott,
wie er sich noch dahin bewegt
und Mitleid er nur noch erregt.

Am hohlen Zahn isst er sein Brot.
In der Seele leidet er nur Not
und kaut zur Not die Kümmernis.
Die Zukunft ist ihm ungewiss.

Trifft ihn der Schlag von dem Atom?
Ist die Gefahr nur ein Phantom?
Steht schon die Zeit auf Kopf und Spitz?
Ist alles nur ein schlechter Witz?

Er weiß es nicht, ist wie belämmert,
weil die Gefahr ihm noch nicht dämmert.
Nicht denken dran, nur es verwischen,
Glück und Not zusammen mischen.

So ist das Leben unerträglich
und noch verschlechtert es sich täglich.
Die Bomben ticken schon im Takt,
bald rückt schon an, der letzte Akt.

Für den Bürger kommt der letzte Tag,
dann trifft ihn hart der Kantenschlag.
Am Ende kommt noch einer drauf.
Die Elite sucht die Punker auf.

Gefährlich, gefährlich

Es erwächst uns ein Unheil, es bannt sich was an.
Es ist ärger und wüster, als glauben ich kann.
Man probt schon den Ernstfall auf polnischer Erde,
doch von den Völkern hör ich keine Beschwerde.

„Gefährlich, gefährlich", ich schrei es hinaus.
Bald ist schon für uns die Friedenszeit aus.
Der Ami braucht Krieg, um seine Macht noch zu retten.
Er verwandelt die Länder in Halden und Stätten.

Er verliert seinen Einfluss, das schmeckt ihm gar bitter,
darum denkt er nur noch an ein Bombengewitter.
Er hält nichts von Frieden und das völkische Wohl.
Der tönerne Riese ist schon innen ganz hohl.

Steht auf ihr Menschen, die ihr an Frieden noch glaubt,
sonst sind wir ganz sicher unseres Lebens beraubt.
Die Natomitglieder sind nur die Steigbügelhalter,
nie waren sie jemals die Friedensverwalter.

Nur Schimäre ihr Wirken, nur ein feuriges Ross,
sie rüsten gemeinsam zum tödlichen Stoss.
Ein Feind wird gefunden, den gilt es zu knacken,
doch hat die Geschichte für mich einen Hacken.

Der Feind ist nicht Feind, er steht uns viel näher,
als Dollar und Ami und die Nato-Ausspäher.
Ein Aufruf ihr Völker, macht nicht mit bei dem Spiel,
wir zahlen am Ende bei weitem zu viel.

Angst!

So friedlich ist mein Dorf zu Haus.
Es sieht nach eitler Wonne aus.
Die Sonne scheint mir heut ins Herz.
Mein Körper macht mir keinen Schmerz.
Die Luft ist lau, die Bäume blüh'n
und saftig sind die Wiesen grün.

Doch wie man sieht, trügt schon der Schein,
es wird nicht lang so friedlich sein.
Es rumort und brodelt auf der Welt,
bis zum Frieden ist es weit gefehlt.
Man baut zum Osten Waffen auf,
bis über jedes Maß hinauf.

Noch ist es still, der Zeiger tickt.
Noch wartet man, dass einer nickt
und den Horrorcrash frech fabriziert,
dann sind die Völker angeschmiert,
dann sind die Mächte außer Rand,
zerrissen ist ein jedes Band.

Dann durchdringt der Krieg ein jedes Herz,
erzeugt nur Not und Angst und Schmerz,
lässt Mensch und Tier im Mark erschauern.
Es fallen auch die stärksten Mauern
und zerbröseln gleich zu Schutt und Asche.
So ist sie halt des Krieges Masche.

So friedlich sitz ich da zu Haus,
schau über meinen Zaun hinaus,
was draußen sich voll Hast bewegt
und was dort meinen Sinn erregt.
Zwar scheint sie noch, die warme Sonne,
doch aus ist es, mit eitler Wonne.

Frieden

Ich pfleg eine Pflanze, die nenne ich Frieden,
sie wird nur belächelt und verachtet hienieden.
Ich kenn einen Standort, dort wächst sie noch heut,
denn bei mir hier im Dorf, gibt es nur friedliche Leut.

Sie tragen die Zwietracht nicht weiter hinaus
und wenn es wo donnert, dann nur drinnen im Haus.
So kann sie gedeihen in Würde und Kraft,
doch kenne ich Stätten da ist dahin sie gerafft.

Dort kann sie nicht blühen, auch kümmerlich nur,
dort hat sie nicht Platz, nicht in der Natur.
Dort fallen die Bomben, sie sind schrecklich gestreut.
Um die Pflanze vom Frieden hat es mich gereut.

Und wächst wo ein Hälmchen zwischen Steinen empor,
dann macht halt der Krieg seinen Halt nicht davor.
Das Pflänzchen verdorrt und vertrocknet geschwind.
Es hat nicht die Chance im Dynamitwind.

So sind ganze Länder der Pflanze beraubt.
Die gibt es nun wirklich, viel mehr als man glaubt.
Man müsste sie halt unter dem Naturschutze stellen,
es geschieht auch wirklich in den seltensten Fällen.

Ich pfleg meine Pflanze drauf gab ich stets Acht,
das mir diese Pflanze niemand Schaden gemacht.
Drauf schaue ich täglich, gieß mit Wasser sie ein.
So wie hier bei mir, könnte es anderswo sein.

Traum und Wirklichkeit

Es wächst kein Reis, es wächst kein Korn.
Die halbe Menschheit ist verlorn.
Das Napalm sich zur Erde senkt
und Pestizid den Boden tränkt.

Nur weiter so, ihr üblen Knechte,
ihr kappt die Menschheit und die Rechte.
Die Luft ist nur ein Giftgemisch
und Nahrung ist nicht mehr am Tisch.

So ist ein Alptraum meinerseits,
doch wird er Wahrheit schon bereits,
ist nicht mehr Traum, wird Wirklichkeit.
Wir schlittern in die tote Zeit.

Ich halt dagegen wo ich kann,
doch renn ich gegen Mauern an.
Nur Gift und Müll noch rundherum.
Die Menschheit bringt sich selber um.

So ist es nicht, halt ich noch fest,
korrupt ist nur ein kleiner Rest,
der größte Teil geht seinen Weg.
Mein Heimatland ist der Beleg.

So reißt es mich nun hin und her.
Mal will ich viel, mal will ich mehr.
Ich glaub an des Menschen guten Kern,
möcht alles Schlechte gleich erklärn.

Jetzt komme ich zum Resümee,
weil ich auf beiden Beinen steh.
Es wächst noch Reis, es wächst noch Korn,
noch ist die Menschheit nicht verlorn.

Mein Entschluss

Mein Entschluss steht fest: ich geb es auf,
ich nehm Kritik nicht mehr in Kauf,
es ändert nichts im Weltgefüge.
Genörgelt hab ich zur Genüge.

Man hört auf mich mit keinem Deut,
nicht die kleinen, nicht die großen Leut.
Der Zug rollt weiter so rasant.
Der Mensch hat wohl sein Ziel verkannt.

Er ist auf Krieg und Zwietracht aus,
schaut nicht einmal aufs eigene Haus
und so hetzt er weiter für und für.
Kehrt nicht den Mist vor seiner Tür.

Auch ist vergiftet schon sein Sinn
und jede Tugend ist dahin.
Heut gilt nur mehr das Geld, die Macht,
das hat den Menschen irr gemacht.

Er kehrt nicht um, ist wie gelähmt,
hat seine Gier noch nicht gezähmt
und lebt weiterhin auf großem Fuß.
Alles das schlimm enden muss.

Veränderung braucht großen Mut.
Wenn ich nichts mach, kein anderer tut,
von wo kommt dann die Besserung her?
Ich mach doch weiter wie bisher!

Der „freie" Mensch

Worauf ist der „freie" Mensch fixiert?
Dass er den Wohlstand nicht verliert,
dass ihm zum Leben etwas bleibt,
dass ihn nur Gewohnheit treibt.

Er merkt es nicht, dass er nicht frei,
dass er ein Untertan nur sei,
dass er durchleuchtet und gesiebt,
nur weint und lacht, nur lebt und liebt.

Er glaubt, er sei, doch ist er nicht.
Er hat nicht mal sein eigenes Licht.
Auch dieser Schein wird ihm gespendet,
geborgt ist nur, was er versendet.

Weil alles wird ihm eingegeben,
nur was genehm, darf er erstreben.
Wehe, er erfüllt es nicht,
wenn er die festen Regel bricht.

Dann ist er böse und verkannt,
wird Terrorist er gleich genannt.
Sein freier Sinn ist unerhört,
weil er die festen Regeln stört.

So, „freier" Mensch, such dir was aus,
wie weit willst du, wie hoch hinaus?
Wie weit du kommst, wirst du schon sehen,
es wird nicht lang so weiter gehen.

Man bremst dich ein und bremst dich aus.
Bald nimmt man dir dein eigenes Haus.
Man nimmt dir auch noch deinen Mut.
Mein lieber Freund, sei auf der Hut.

Sprichst du zu laut, ist es nicht recht
und sprichst du Recht, ist es ganz schlecht.
Sprichst du was wahr, sei dir gesagt,
dass dich schon bald kein Weh mehr plagt.

Sie tragen nicht Schuld

Ich kenn einen Mann, ich kenn eine Frau,
sie tragen nicht Schuld, ich weiß es genau.
Sie haben sich nur zu weit nach vorne gewagt
und sie haben uns manche Wahrheit gesagt.

So wie ich es sehe, war davon nichts verkehrt,
doch ist ihnen deshalb die Freiheit verwehrt.
Ihr Manko war endlich und einzig allein,
sie wollten nur beide ganz aufrichtig sein.

Doch wenn man nicht Macht hat, für wen und für was,
ist ein solches Verhalten ein sträflicher Spaß.
Wenn keiner Ihnen zuhört, von den Bonzen und Großen,
dann sind sie ganz schnell ins Gefängnis verstoßen.

Dort schmorren sie dahin, bis sie endlich sind reif,
bis sie alt sind und grau und ihre Glieder sind steif.
Dort wartet man dann bis ihre Meinung sich dreht.
Das nennen sie Heilung, was wohl niemand versteht.

Ihren Willen zerstört man mit psychischer Macht.
Man hat manchen Starken zum Schwachen gemacht.
Es ist nicht nur das Urteil, es ist auch die Zeit,
die ihnen tagtäglich in den Verstand hinein schreit.

Und sind sie dann weich, wie ein Kartoffelpüree,
dann gibt man ihnen den Rest, noch mit einem Schmäh:
„ Hättet ihr die Fehler schon früher gesühnt,
so hättet ihr schon lange die Freiheit verdient.“

Die Hoffnung

Die Zeit ist ein Scheusal, wie schnell sie vergeht,
doch bin ich ihr dankbar, so lang Hoffnung besteht.
Die Hoffnung gibt Kraft und den Saft für die Zeit,
somit bin ich schon wieder zu hoffen bereit.

Und wieder ist Zeit ein verflossenes Ding.
Ich kann es nicht fassen, wie schnell sie verging.
Ich hol die Hoffnung herbei, sie stärkt meinen Sinn,
weil ich damit so in der Hoffnung noch bin.

Ich hatte Freunde einmal, vor einiger Zeit,
war auch zu glauben und zu hoffen bereit,
doch sind sie verschwunden, verbarrikadiert.
So frage ich stumm: Was ist denn passiert?

Von der Gesellschaft hat man hinweg sie gerafft
und an einen schrecklichen Ort hingeschafft,
dort üben sie Hoffnung nun tagaus und tagein.
Was sie noch hochhält, kann die Hoffnung nur sein.

Wenn die Hoffnung nicht lebt, ist der Mensch bereits tot.
Ist die Hoffnung vorbei, beginnt gleich die Not.
So hoffen sie weiter, auf ein Wunder und Gnade
und nur diese Hoffnung hält sie noch gerade.

Ich hoffe mit ihnen, weil sonst nichts mehr nützt.
Unsere Tage sind nur auf die Hoffnung gestützt.
Ein Tag ohne Hoffnung, wie er immer auch sei,
der ist schon verloren, ist unnütz vorbei.

Einheitsbrei

Kornblumenblau und Nelkenrot,
des einen Sieg, des andern Not,
des einen Hoch, des andern Tief,
für Einen grad, dem Andern schief.

Für den Ernst ist alles wohl zu viel.
Ich halt nicht viel vom Farbenspiel.
Einer schimpft, ein Anderer lobt,
ein Dritter voll des Zornes tobt.

Ein Vierter spricht nur salbungsvoll,
ein Fünfter nimmt den Mund zu voll
und ist ein Wort daher gesagt,
wird später nicht mehr nachgefragt.

Nur das Getöse füllt den Bauch,
obwohl nur alles Schall und Rauch.
Die Luft schwirrt fort im Wörterschwall
und bricht sich selbst im Widerhall.

Das nennt man Job mit Strategie,
doch beherrscht man ihn nur irgendwie.
Nur laut und schriller, in der Tat,
so hört man oft den Wortsalat.

Das Übel nennt sich Politik.
Man bedient sich hier mit einem Trick,
der ist altgedient und gut bewährt,
hat oft Grausen uns beschert.

Blau und Rot und sonst Gemisch,
ist nicht Fleisch und ist nicht Fisch.
So färbig dieses Spiel auch sei,
es ist alles nur ein Einheitsbrei.

Verkauft

Verkauft ist längst das deutsche Haus,
weit in alle Welt hinaus.
Der Ausverkauf währt ziemlich lange
und die Käufer stehen lässig Schlange,

weil lässig ist der neue Stil.
Mach dir der Sorgen nicht zu viel,
leb in den Tag nur so hinein,
musst ein Asylant nur sein.

Und wer als Asylant nichts hat,
für den sorgt brav der Vater Staat,
weil was er braucht, das wird bezahlt,
hinzu kommt noch ein Grundgehalt.

Für mich ist so zu groß nun diese Bürde.
Noch kämpf ich für die Menschenwürde,
doch sollte nicht, so wend ich ein,
ein Deutscher nur im Nachteil sein.

Er hat gebaut das deutsche Haus,
sah stolz einst in die Welt hinaus.
Jetzt kommt die Welt zu ihm hinein,
jetzt soll er nicht mehr Deutscher sein.

Was dort so läuft, das find ich schlecht.
Wenn er es will, ist es mir recht,
doch heg ich hier stark den Verdacht,
er hat nicht die Rechnung selbst gemacht.

Gute Nacht

So ist mein Land, es blüht und lacht,
hat immer mir viel Freud gemacht,
doch neulich hängen Wolken tief.
Der Glaube an mein Land hängt schief.

Groß war im Land stets die Kultur
und ferne sah ich Fremdes nur.
Die Sorge trübt nun meinen Sinn,
treibt mein Land zum Fremden hin?

Weil in der Stadt, schon auf dem Land
ist Fremdes nicht mehr unbekannt.
Ist es die Zeit, ist es ein Muss,
bringt es im Land nur den Verdruss?

Ist fremd sein heut nicht mehr erlaubt?
Ist nicht mehr gut, an was man glaubt?
Ist Glaube, Meinung, Bildung, Sprache
im Land schon allgemeine Sache?

Ich frage nun so frech dahin,
wie ich mit meiner Meinung bin?
Bin ich ein Fremder schon im Land?
Wie steht nun heut mein Wissensstand?

Gilt noch mein angelerntes Wort?
Ist meine Sprache längst schon fort?
Was hat man nur aus dir gemacht?
Mein Heimatland, nun gute Nacht.

Der Staat

Ist der Staat nach meinem Sinn,
wenn ich ein junger Bürger bin?
Wenn ich noch auf der Schulbank sitze,
für den Erfolg noch heftig schwitze?
Bring ich Ertrag für das Budget,
auch wenn ich von der Schule geh?

Ist der Staat nach meinem Sinn,
falls ich ein braver Bürger bin?
Solang ich selbst die Körnchen mahle,
solang ich Steuern brav bezahle,
solang ich nicht verlaut mein Wort
und wohnen bleib am selben Ort?

Ist der Staat nach meinem Sinn,
falls ich ein kecker Bürger bin?
Sprech ich ein Wort zur falschen Stund,
halt ich nicht immer meinen Mund,
mach ich viel Lärm um jedes Ei,
bin ich beim Aufruhr gleich dabei?

Ist der Staat nach meinem Sinn,
wenn ich ein Pflegefall einst bin?

Wenn ich verlang nach Saft und Pille,
wenn kurz davor, mein letzter Wille,
mein toter Körper brennt im Feuer.
Bin ich dem Staat dann nicht zu teuer?

So ist der Staat wohl aufgebaut.
Noch nie hab ich ihn je getraut.
Er ist ein Monstrum, der mich schreckt.
Was hat er alles ausgeheckt,
damit ich mich für ihn stets rege,
von der Geburt an bis zur Pflege?

Der Staat ist nicht nach meinem Sinn.
Zuviel sind da der Würmer drin.
Zu viele sind schon groß und feist,
die Korruptesten sind es zumeist.
Von der Geburt bis hin zum Tod,
gehorch dem Staat, heißt das Gebot.

Leider

Wenn Einer etwas Schlechtes tut, ein Anderer nimmt es hin,
das ist von der Leibeigenschaft beinah schon der Beginn.
Der Beispiele gibt es genug, die wird man immer finden.
Einer unterdrückt den Anderen aus dies und jenen Gründen.

Der Nahe Osten ist es nun, den ich jetzt anvisier.
Dass sich dort etwas ändert, fehlt mir die Kraft dafür.
Jahrzehnte schmachtet dort ein Volk, es ist nicht existent,
weil es das Völkerrecht und Menschenrecht nicht kennt.

Dort stirbt es schneller, als es lebt, die Grenzen sind beengt
und immer wird es weiter ins Nirgendwo gedrängt.
Dort wächst Verzweiflung täglich, noch ist sie nicht gebannt.
Was anderes wächst dort schlecht, auf trockenen, losen Sand.

Millionen sind in Flüchtlingslagern seit Jahren schon verstaut.
Dort hat noch der Aggressor kaum jemals hin geschaut.
So darf es auch nicht wundern, wenn Einer sich bewirbt
und bei einem Attentat für seine Freiheit stirbt.

Die Antwort lässt nicht warten, wie es so oft geschehn.
Die Tat wird gleich vergolten, mit etwa eins zu zehn.
Da denkt man an Wertigkeit von Freund und Feind fürwahr.
So geht das Sterben weiter, schon lange, Jahr für Jahr.

Jetzt ruf ich dem Aggressor zu, denk nach, auf jeden Fall,
genug ist schon Vergeltung, das war das letzte Mal.
Die Geschichte hat es vorgezeigt, so wird es kommen, leider.
Wie David einst den Goliath gekillt, nur mit seiner Schleuder.

Depression

Meine Kraft ist aufgebraucht und leer ist mein Ressort.
Die Welt nimmt ihren schlimmen Lauf,
es sind geöffnet Tür und Tor.
Alle Riegel sind längst weggezogen,
der Zugang ist gewährt
und all die offenen Türen, haben Übel uns beschert.

Die böse Macht nimmt Überhand,
erstickt ist schon das Gute.
Ob meines unermüdlich' Tun ist übel mir zumute.
Man spielt mit Menschenleben,
wie es Kinder tun mit Steinen.
Das Gewissen wird beruhigt
mit einem Bündel Dollarscheinen.

Die Welt ist noch in Ordnung,
für den der blind ist und nicht sieht,
wie Krieg und Angst und Terror
stets neue Kreise zieht.
Wir sind nicht mehr der Herr im Haus,
sind entmutigt und verwirrt.

Die Kultur ist längst ein Scherbenhaufen
und von außen infiltriert.

Auf verlorenen Posten steh ich heute,
mich umschwirrt die dunkle Nacht.
Meine Welt ist okkupiert
von einer finsteren Macht.

Die Grenzen sind nicht Grenzen mehr,
sie sind nur augenscheinlich.
Dass das ganze Übel ist gewollt,
das erscheint mir ganz wahrscheinlich.

Ich könnt so tun, als seh ich nichts
und merk nicht, was so läuft,
wie unsere Welt und die Kultur
im tiefen Sumpf ersäuft.

Meine Hand ist lahm, mein Hirn verstaubt.
Man hat den Frohsinn mir geraubt.
Einst war ich froh und war ich munter,
doch jetzt geh ich im Sumpf drin unter.

Die Unvernunft und ihre Zunft

Jetzt üb ich kräftig die Kritik.
Ich versteh nicht unsere Politik.
Wie sie uns heimlich, still und leise,
die Rechte nimmt, so scheibchenweise.

Gönnerhaft stellt sie sich hin:
„Auch ein Verlust ist ein Gewinn.
Der Zwölfstundentag wird nun Gesetz.
Was dagegen spricht ist nur Geschwätz."

Ein lautes „Nein“ von ehemals
wird nun zum „Ja“ vom Wendehals.
Die Versprechen die er einst gemacht,
die gelten nicht, jetzt an der Macht.

Nun dreht er fleißig an der Schraube.
An seinem Wort fehlt mir der Glaube.
Zwölfstundentag! Wo will man hin?
Wem nützt der Deal, in welchem Sinn?

Ihr Mütter, Väter, die ihr kämpft,
nun das Gesetz die Freude dämpft,
weil viel zu lange für ein Kind,
nun schon die Aufsichtspausen sind.

Die Zukunft ist euch ungewiss
und Kinder sind ein Hindernis.
Nicht kalkuliert mit einem Wort,
da nicht entspricht der Kinderhort.

Ich versteh nicht unsere Politik.
Auf Familie hat sie keinen Blick.
Ein Zeichen ist der Unvernunft
für diese Herrn und ihre Zunft.

Fünf nach Zwölf

Genug, genug, zu hoch der Preis,
zu offensichtlich der Verschleiß.
Die Menschheit kommt beim Ende an,
weil brutaler sie nicht werden kann.

Am grünen Tisch Strategen sitzen
und andere ihr Leben schützen.
Was sie verhandeln ist der Tod
und Unterdrückung, Gift und Not.

Die Hintermänner ziehen Strippen
und an ihrem Reichtum nippen.
Die Politiker gehorchen blind,
weil sie selbst Vasalen sind.

Ein Volk ist nur gemeine Masse,
nicht wichtig für die Herrscherklasse.
Es sind ihre Hebel umso länger,
über Politiker, Befehlsempfänger.

So wie der Reichtum sich gebärdet,
er den Fortbestand der Welt gefährdet.
Er unterteilt in kalt und warm,
in überheblich, reich und arm.

Wir, das Volk, sind taub und blind,
weil wir immer noch zufrieden sind.
Wir sind nicht blass vor lauter Scham,
uns beschäftigt nur der eigene Kram.

Fünf nach zwölf ist es bereits
und keine Rettung andererseits.
Der Wohlstand auch nicht Mitleid lohnt,
denn zu eng ist unser Horizont.

Diagnose unheilbar

Da torkelt noch einer, bald fällt er schon hin.
Sein Geist ist beschränkt, vernebelt sein Sinn.
Sie stützen ihn noch, doch wenden sich ab
und sehen voll Grausen auf den Boden hinab.

Ein grausiges Zeichen, für Millionen im Bild
und ihr oberster Meister gebärdet sich wild.
Das Schicksal schlägt zu, ein Kontinent wankt,
weil ihre Führung entsetzlich schon krankt.

Sie nehmen Millionen und zu viele Promille.
Für ein sorgsames Handeln fehlt ihnen der Wille.
Wie ist es gezeichnet und mit Unrat versetzt,
mein Europa du bist bis in die Seele verletzt.

Wie jene dir wehtun mit torkelnden Schritten,
so lastet die Schande vor lauschenden Dritten
und dieses Europa hat er in der Hand.
Wie wird es sich halten, wie lang von Bestand?

Mein Europa zerbröselt, zu schwach sind die Banden
und einer der ihren reitet Europa zu Schanden.
Noch ist er der Maestro, der Europa verrät.
Ihr lieben Europäer, es ist leider zu spät.

Umsonst?

Mein Name ist Hase, ich weiß nicht recht wie,
auch ist nicht mein Fach die Diplomatie.
Ich sag was ich denk, das ahnt bereits jeder.
Mein Schild ist Papier und mein Schwert ist die Feder.

So hau ich drauf los, treff auch manches Mal Einen,
dass dieser es spürt, das will ich auch meinen.
Dass ich mich verheize ist schließlich mein Recht,
denn nichts unternehmen, find schrecklich ich schlecht.

Ich hau mit dem Schwert auf Kopf ein und Rumpf,
doch merk ich schon länger, meine Waffe ist stumpf.
So wie ich mich mühe, der Feind wächst empor,
er wird größer und stärker, als jemals zuvor.

Er wächst weiter, wird größer, wird dicker und länger.
Bei mir wird die Kraft schon kleiner und enger.
Mit dem Schwinden der Kraft vergrößert sich Wut,
doch bin ich nicht sicher, dass sie Wirksames tut.

So bin ich im Taumel, ob der entsetzlichen Qual,
das Böse. das Schlechte vermehrt sich nun mal.
Die Diplomatie ist nicht Hilfe zum Zweck,
sie schlägt noch bisweilen dem Boden ein Leck.

So kämpf ich zwar stetig, doch ohne Ergebnis.
Mein ständiges Mühen ist nicht ein Erlebnis.
Für mein Hauen und Stechen mit Feder, Papier,
bekomm ich zu wenig Wertschätzung dafür.

Person kontra Mensch

In Fesseln geboren, die Freiheit verloren,
mit der bleiernen Last, zu leben verpasst.
Ein Leben geboren alle Rechte verloren,
bevor du sie erworben, bist längst schon gestorben.

Die Gesetze gebilligt, zum Sklaven bewilligt,
nur kämpfen ums Brot, am Ende nur Not.
Nicht Mensch ist dein Schicksal, zur Person du gemacht.
Im Gesetzestextstrudel versteckt sich die Macht.

Als Person bist ein Niemand, jeder Flüchtling gilt mehr,
deshalb kommen so viele ins Schlaraffenland her.
Und pochst du aufs Menschsein, falls du dich entsinnst,
so wird man dich fragen, ob du vielleicht spinnst.

So bleibt dir die Fessel, alle Tage zu Recht.
Du bist weiter ein Sklave, das machst du nicht schlecht.

Zu kurz gedacht

Kurz genannt und kurz gedacht,
das ist nicht einerlei.
Weil es Reiche nur noch reicher macht,
sind es der Dinge zwei.

Zwölf Stunden hat dein Arbeitstag,
nicht ohne Mühe, ohne Plag.
Die Anfahrtszeit nimm noch dazu
und auch nach Hause willst noch du.

Das ist für wahr ein schweres Ding.
Der Lohn dafür ist zu gering.
Die Freizeit kommt dir auch abhanden.
So reitet man ein Pferd zu Schanden.

Das geht auf Herz und auf die Leber.
Andererseits, der Arbeitgeber
spart sich manches Geld für sich.
Ein Gewinn für ihn, ganz sicherlich.

Was Kurz genannt, ist eine Finte
und nur ein Kleks mit schwarzer Tinte,
weil das Arbeitsrecht ist rot,
doch was einst rot war, ist schon tot.

Der Schuldendienst

Ich begleich die Schulden dieser Welt!
Hier ein Versuch, mit wenig Geld.
Ein Gleichnis will ich hier erstellen,
das wirkt auch in den meisten Fällen.

Ich nehm tausend Euro für mein Ziel.
Für wahr, das ist nicht all zu viel.
Ich leg sie hin, geb sie als Pfand,
in einem Markt, in meinem Land.

Da liegen tausend Euro nun,
sie liegen da um nichts zu tun.
Es kommt bald jemand schon in Trab,
deckt mit dem Geld sich Schulden ab.

Ins Geschäft hinein, für Fleisch und Fisch,
legt er tausend Euro auf den Tisch.
Der Geschäftsmann ist ein kluger Mann,
er weiß was er nun machen kann.

Er geht, wie öfter schon zuvor,
mit tausend Euro durch das Tor
vom Autohaus, wo er sie lässt,
zahlt ab damit den letzten Rest.

Und jener der das Geld nun hat,
er zahlt auch Schulden, in der Tat
beim Finanzamt, wo er in der Kreide,
nach letztlichem Finanzbescheide.

Das Finanzamt ist nun voll liquid
und teilt dies einem Bürger mit,
dass sein Ausgleich, in den nächsten Tagen
tausend Euro wird betragen.

Der brave Bürger ist voll Freude,
er ist befreit von seinem Leide.
Das Geld ist für ihn wie ein Segen,
es nützt ihm, wie ein warmer Regen,

denn im Markt hat Schulden er gemacht,
nun hat er Geld dafür gebracht.
Die Schulden werden ihm gestrichen.
Sein Konto ist nun ausgeglichen.

Und später noch, mit etwas Glück,
hol ich vom Markt mein Geld zurück,
das ich als Pfand, vor ein paar Tagen,
aus gutem Grund hab hingetragen.

Hätt ich die Zügel in der Hand,
zumindest hier in meinem Land,
in kurzer Zeit hätt ich geschafft,
den Schuldendienst hinweggerafft.

Was ich hier schrieb ist ein Beweis.
Schick ich das Geld nur rund im Kreis,
so deckt es ab den Schuldendienst.
Für wahr, das ist kein Hirngespinst.

Maskerade

Die Welt ist wie ein Faschingszug.
Der ganze Zug ist ein Betrug.
Dabei werden Leichen hochgehalten,
dass sie weiterhin die Welt gestalten.

Ist auch mancher krank im Hirn und Bein,
er wird weiterhin ein Player sein.
Weil, eines wie schon immer gilt,
Gewöhnung ist das stärkste Bild.

So baut man falsche Träume auf,
gibt unsere Welt zum Ausverkauf
und dieses wird noch weitergehen,
solang vorne nur noch Leichen stehen.

Europa zerbricht

In Straßburg und Brüssel dort sitzt halt die Macht,
die hat unser Europa schon mürbe gemacht.
Schon mürbe und löchrig, wie ein Käs aus der Schweiz.
Was dort wird beschlossen, das hat keinen Reiz.

Keinen Reiz, keinen Nutzen, ist nur ein großer Konzern
und dort die Akteure sind uns Bürgern schon fern.
Sie agieren im Vakuum, wie in einer Blase von Luft.
Ihr Handeln, ihr Wirken, ist zur Gänze verpufft.

Europa ist anders, wie man sich das denkt.
Wir haben uns Europa einst selber geschenkt.
Jetzt sägen und hämmern sie mit Vehemenz
und beim Gestalten da glänzen sie mit Abstinenz.

Es ist unser Europa, mit großen Taten gedüngt.
Jetzt holt man sich Menschen, dass es sich verjüngt.
Dass es sich verfärbt und die Kultur es verliert
und die an der Macht, es nicht mal geniert.

Sie hämmern und sägen eifrig weiter drauf los.
Dass Europa zerbricht, genügt ein einziger Stoß
und dass sie Europa dem Untergang weihn,
dies wird man der Clique niemals verzeihn.

Wunderland ade

Da war einmal ein tolles Land,
es war als Wunderland bekannt.
Die Sonne schien nach Herzenslust,
die Menschen waren selbstbewusst.

Ihr Wohlstand war wohl nicht bescheiden
und niemand musste Not erleiden.
Es glich dem Land nicht eines so
und alle Menschen waren froh.

Was lange währt ist selten gut,
die Menschen übten Übermut.
Das Gesetz hat man zurechtgebogen,
nun war die Missgunst eingezogen.

Jetzt lebten sie in Saus und Braus
und Mancher ließ die Sau heraus,
hat nur gevöllt und hat geprasst,
und in den Topf hinein gefasst.

Nahm sich heraus was ihm nicht stand
und hat verbraucht was er so fand.
Es war nicht Not, war nur Begierde.
Dies Landes Volk was keine Zierde.

Alles rächt sich mit der Zeit.
Man war zur Einsicht nicht bereit
und so kam es, wie es kommen muss,
mit dem Wunderländchen war nun Schluss.

Ich sag es leis und red ich fein,
ins Gewissen ich den Menschen ein:
Gebt einen Ruck ihr dem Gemüt,
dass euch am End nicht Gleiches blüht.

Dein Treuhandkonto

Es ist nicht so, so wie es scheint,
so ist die Welt nicht, wie man meint.
Ganz anders ist das Weltgefüge.
Man wird beschwindelt zu Genüge.

Gehst als Person der Arbeit nach,
machst deine Pflicht mit Weh und Ach,
dafür bekommst du ein Salär,
doch dafür schuftest du zu schwer.

Ich stell die Welt mal auf den Kopf
und drück dazu den roten Knopf
und alles dreht sich schnurstracks um,
um dreihundertsechzig Grad herum.

Du als Mensch bist der Genießer,
nicht wie bisher nur Verdrießer.
Dein Konto steht, seit du geboren.
Davon hast du noch nichts verloren,

weil man es dir nur vorenthält.
Dein Treuhandkonto ist bestellt,
doch lässt man dich nicht an die Masse.
Es zehrt davon die reiche Klasse.

Nimm mal an, der Coup gelingt,
und meine Regel gilt bedingt.
Von deinem Konto ziehst du ab,
als Vorschuss Geld und nicht zu knapp.

Lass es nun walten und vermehren,
lass es von deinem Konto zehren,
erst dann begibst du deine Kraft
nun in den Markt, dass sie was schafft.

Nun läuft das Werkel wie gewohnt.
Du machst nur mehr was Nerven schont.
Der Druck ist weg, der dich zerstört.
Das ist ein Pluspunkt, unerhört.

Doch dein Konto ist voll in Beschlag,
von der Geburt, vom ersten Tag.
Die Elite, die die Welt verdreht,
es auszurauben, es versteht.

Weil du nicht Mensch, nur als Person,
seit der Geburt bist du es schon,
hast du kein Anrecht auf dein Geld.
So ist gestrickt nun unsre Welt.

Denk nach und schärfe dein Gehirn,
was du zu ändern kannst probiern.
Dein Treuhandkonto ist der Preis,
wenn du es schaffst und schließt den Kreis.

Dichtergilde

Der Eine schreibt nur Blümchenverse.
Ein Zweiter dichtet für „Diverse".
Ein Dritter schreibt das Herz sich wund
und Einer seine Not tut kund.

Ein Weiterer von Liebe schleimt.
Das alles war darin vereint,
in einer Gilde, sogenannt,
noch nicht berühmt, noch unbekannt.

Weil Gilde nicht für Weitblick bürgt,
beinah schon wieder abgewürgt.
Folgend Ding drang an mein Ohr:
Man nahm sich nun die Dichter vor.

Bestandsaufnahme angesagt.
Nach der Gesinnung nachgefragt.
Mein lieber Jolly, es kam zu Tage,
so manche überheikle Frage.

Einer saß auf groben Mist,
ein Zweiter war ein Terrorist.
Ein Weiterer war farbenblind
und eine Frau ein Sektenkind.

Noch Einer, der war gar nicht dicht,
ein Weiterer kein großes Licht.
Nun liegt es da, das Resultat.
Was sagt man nun zu dieser Tat?

Wer mich befragt, ich würd nicht fragen.
Ich würd nur meine Meinung sagen.
So wie sie war, so war es recht.
Die Vielfalt ist doch gar nicht schlecht!

Dichtertreff

Der Eine schreibt nur Blümchenverse.
Ein Zweiter dichtet für „ Diverse“.
Ein Dritter schreibt das Herz sich wund
und Einer seine Not tut kund.

Ein Vierter, so wie er es kennt.
Gar vielfach ist das Sortiment.
Ein Weiterer von Liebe schleimt
das alles ist darin vereint.

Da rauscht das Blut im wilden Lauf,
da schlägt das Herz gar laut darauf
und raucht das Hirn, ob der Aktion.
Das ist die Kunst in Wort und Ton.

So mancher Dichter trifft sich ein
und niemand soll hier Richter sein,
weil jedes Wort, so wie es steht,
im Lauf der Zeiten auch vergeht.

Ich bitt euch drum, nun mehr zu zeigen
und schließt euch ein in diesen Reigen,
den Reigen der Begehrlichkeit,
eines jeden Dichters Herrlichkeit.

Was mancher denkt, was mancher schreibt,
was vergessen wird, was haften bleibt,
wird auf der Plattform aufgereiht
und alles ist der Kunst geweiht.

Zehn mal sieben

Sag mir wo die Jahre sind,
als ich einst glücklich war als Kind.
Als die Strahlen von dem Sonnenschein
mich wärmten bis ins Herz hinein.
Als mich der Eltern gute Hand
mit Gottes Werke stark verband.

Mich führten sie mit ihrer Kraft
zur Dankbarkeit als Eigenschaft
und lehrten mich Barmherzigkeit
zu üben in der schlechten Zeit.
Wo ist die gute Zeit geblieben?
Oft sind der Jahre fort schon sieben.

Schau ich zurück was einmal war,
die Jugendzeit wird hell und klar
und glänzt in ihrer Einfachheit.
Ganz sicher war´s die schönste Zeit.
Mit sieben Jahr die Schule winkte.
Mit vierzehn Jahr das Moped blinkte

und so weiter oft mal sieben.
Wo ist die gute Zeit geblieben?
Mit einundzwanzig fand ich sie
und sie heißt Grete, nicht Marie.
Sie war treu mir bis zum heutigen Tag,
durch Sorgen, Schmerzen, Müh und Plag

und nochmals sieben Jahr dahin.
Sie waren nicht nach meinem Sinn.
Mit neunundvierzig dann der Schritt,
bis dahin ich schon lange litt,
trat ich hinaus durch eine Tür
und spürte Freiheit, für und für.

Diese Freiheit spür ich dreimal sieben.
Wo ist die alte Zeit geblieben?
Jetzt wart ich drauf, was man mir schenkt,
noch an sieben Jahr. Falls man bedenkt,
dass sieben Jahre, mit viel Glück
mein Sein verlängert noch ein Stück.

Sag mir wo die Jahre sind,
als ich einst glücklich war als Kind.
Die Zeit verging im Sauseschritt.
Ich kam nicht mit dem Zählen mit
und wieder fort schon sieben Jahr.
Gezeichnet sind schon Haut und Haar.

Jetzt läuft sie schneller, ganz rasant,
so wie auf dem Montageband,
die Zeit, die mir noch bleibt derweil.
Die Kurve schließt bald eng und steil.
Wie oft zähl ich noch eins bis sieben?
Wo ist die gute Zeit geblieben?

Weihnacht verblasst

Ohne Warnung kommt nun das Unglück daher.
Deine Gedanken sind arglos, zuerst sind sie leer.
Schon rasen sie wild, wie um die Wette geschwind,
so schnell und so brausend wie ein Hurrikan Wind.
Nun hat dich ereilt ein Schenkelhalsbruch,
jedes Betagten, jedes Alten sein Unheil, sein Fluch.

Es ist schon passiert, du kannst nichts dafür
und Weihnacht steht nun grad vor der Tür.
Dein Leben war hart und die Sorgen enorm,
die brachten die Tage und dich aus der Form.
Stets hast du für Andere deine Hilfe erbracht,
nun hat dir das Schicksal die Rechnung gemacht.

Du kannst es nicht fassen: „ Warum grade ich?“
Das gibt dir im Herzen einen schmerzenden Stich.
Nun beginnt es zu rollen, das ganze Programm.
Zuerst kam die Rettung die dich mit sich nahm.
Jetzt bist du entschwunden aus deinen vier Wänden,
wo du einst wolltest dein Leben beenden.

Tausend Gedanken stieben durch dein Gehirn.
Krampfhaft willst du noch etwas Ruhe probiern.
Jetzt hat dich der Unfall die Weihnacht vergällt
und ständig nun mehr die Frage dich quält:
„ Bin ich nun dort, wo mich andere gern sehen.
Ist es nun aus, um mein Leben geschehen?“

Nach Tagen der Schmerzen, der gute Befund:
„ Zwar altersschwach schon, doch beinahe gesund“.
Nun keimt in dir Hoffnung, sie wächst hoch empor.
Jetzt feierst du Weihnacht wie immer zuvor,
in deinen vier Wänden, wie meistens allein,
doch zu Haus ist es schöner, zu Haus ist daheim.

Es trifft dich der Schlag, nachdem man dir sagt:
„ Meine Liebe jetzt ist gute Betreuung gefragt.
Wir haben gesorgt und setzen uns ein,
du kommst jetzt erstmal in ein Pflegeheim.
Dort hast du die Pflege und die Ruhe dazu,
du erholst dich vom Unfall bestimmt gleich im Nu.

Dann sehen wir weiter, kommt Zeit und kommt Rat,
das ist nun das Beste für dich in der Tat.“
Die Welt ist so grausam, du bist zu Tode betroffen.
Du hast keine Wahl und tausend Fragen noch offen.
Du bist nur mehr Stückgut, du bist nicht gefasst.
Der Himmel stürzt ein und Weihnacht verblasst.

Weihnacht ist Weihnacht

Es weihnachtet auch dort, wo Not ist und Trauer.
Die Stube im Haus durchrieselt ein Schauer.
Es ist nicht die Kälte vom Winter allein,
es muss wohl die Summe der Ärmlichkeit sein.

Draußen rieselt der Schnee, es rastet die Erde,
um dass das nach der Rast erneuert sie werde.
Drinnen hat sich die Not eingenistet,
weil eine Familie in Ärmlichkeit fristet.

Der Hunger steht Pate und stets vor der Tür.
Die Familie ist arm, sie kann nichts dafür.
Seit langen ist er schon ein täglicher Gast.
Es scheint so, als halte er in der Stube drin Rast.

Wo anders ist Weihnacht im wohnlichen Hain.
Gemütlich und festlich soll dort Weihnachten sein.
Man denkt nicht an Hunger, an Kälte und Not.
Genug sind der Speisen und reichlich das Brot.

Man denkt nur daran wie die Welt sich so dreht.
Man denkt nicht an Menschen,
denen es schlechter ergeht.
Dass Menschen wo hungern, das nimmt man in Kauf.
Man wiegt sein Gewissen im Wohlstand drin auf.

So ist die Misere, dort arm und hier reich.
Auch zu Weihnachten sind die Menschen nicht gleich.
Es zählt nicht der Wohlstand, nur der festliche Sinn,
dann ist es auch Weihnacht in der ärmsten Stube darin.

Das neue Jahr

Wieder ist ein Jahr dahin.
Ein neues steht vor dem Beginn.
Noch ist es frisch, so wie ein Küken.
In diesem Jahr soll alles glücken.

Man nimmt sich vor, mit viel Bravour,
dass man die schönen Dinge nur
an sich heran lässt, um zu genießen,
um nicht sein Leben zu verdrießen.

So stehen Wünsche hoch in Mode
und wie man wünscht, hat auch Methode.
Nur ist ein Wunsch oft nur ein Flaum,
nichts anderes als ein Märchentraum.

So wie es ist, hat es Geschichte.
Schon bald ist jeder Wunsch zunichte.
Der Reichtum wird, den man sich denkt,
nur auf ein Minimum beschränkt.

Es ist das neue Jahr noch jung.
Es liegt noch ein gewisser Schwung
in der Bewältigung der Hürden,
doch wachsen täglich neue Bürden.

Was nach dem Ziel hat ausgeschaut
daran ist der Eifer abgeflaut
und was man vorgehabt, erhofft,
verläuft im Sand, meist viel zu oft.

Ich nehm mir vor, für meinen Teil,
das meine Wünsche nicht zu steil
und die Erwartung nicht zu hoch.
Ja, dieses Ziel gilt immer noch.

Ein schwarzer Engel

Ein schwarzer Engel starrt mich an,
damit er mich betören kann.
Wie er mir winkt, ist es Befehl:
„Komm her zu mir und setz dich schnell.“

Das Weitere war so gestaltet:
Mein Wille war schon ausgeschaltet,
was ich hinterher hab stark beteuert.
Ich war vom Engel ferngesteuert.

Sarajevo heißt nun diese Stadt,
die mir viel Schmerz bescheret hat.
Dort sah ich den Engel sitzen,
mit Burka, mit zwei Augenschlitzen.

Ich saß, ich lag, der Arm war ab,
er hing zum Boden nur hinab.
Das war ein Übel, wie ich fand.
Der schwarze Engel gleich verschwand.

Ich leid schon lang an dem Malheur.
Mein Arm gibt heute noch nichts her
und wie es scheint, ich seh es ein,
er wird nie mehr wie früher sein.

Falls es mich in die Ferne zieht,
dann geb ich Acht, dass nichts geschieht,
dann will auf keinem Fall ich sitzen,
gegenüber von zwei Augenschlitzen.

Umsonst geschafft

Einer starb in Amt und Würden, ein Anderer ohne Licht.
Der, der ohne Licht verstarb, tat wohl nicht seine Pflicht.
Am Ende war das sein Profit, was selbst nicht ist passiert.
Hingegen war der Erstere, im Tod noch dekoriert.

So geht er in das Jenseits ein, mit hocherhobenen Kopf.
Den Zweiten ziert als Eigentum höchstens nur sein Kropf.
Man beachte hier die Wertigkeit, genau beim Übertritt.
Bringt einer auch ins Jenseits von seinem Schatz was mit,

so hat er was, was ihm gehört, wer weiß wie dort die Regel.
Alles schön zusammenhalten, sein Haus und Kind und Kegel.
Wozu die ganze Mühe, wenn jetzt der Schund nichts wert?
Wenn drüben andere Regeln gelten,
dann wär die Welt verkehrt.

Der Zweite legt sich gleich hinzu, zu seinem Bettelstab.
Der Sarg spart er sich ein, er legt sich so ins Grab.
Er deckt sich zu mit einem Tuch, weil sonst die Augen rinnen,
wenn Erde in die Augen drückt, ganz tief im Grab herinnen.

So tritt er seine Reise an und trifft sein Gegenüber,
denn Ersterer ist auch wie er am selben Tag hinüber.
Da sieht er ihn im Leichenhemd, vor der Himmelstüre stehn.
Er spricht ihn an: „ Hallo mein Freund, das ist ein Wiedersehn.

Wo hast du deinen Schatz gelassen, den du so groß gehütet.
Was drüben du hast angehäuft, wird hier dir nicht vergütet.
Du stehst wie ich, nun nackt, auch vor der Himmelstür.
Dass drüben du umsonst geschafft, da kann ich nichts dafür.“

Ein schlechtes Ende

Ein Mann war einst ein fescher Specht,
was er verdiente war nicht schlecht.
Er war der größte seiner Art
und hat für sein Alter gut gespart.

Doch wie es ging und wie es lief,
auf einmal ging so vieles schief,
das Ersparte weg und auch sein Job.
Sein Gehabe war nicht mehr salopp.

Nur Schulden waren noch bei ihm.
So wie es war, so war es schlimm.
Nur Gläubiger wohin er kam
und bald man ihm sein Häuschen nahm.

Doch nicht genug mit der Bescher,
die Haie wollten immer mehr.
Er gab sein Letztes noch mit Gram.
Jetzt war der Ärmste wirklich zahm.

Noch weiter trieb man nun das Spiel.
Was noch offen war, war gar nicht viel.
Man nahm noch was zu holen galt,
denn ein Bankdirektor plündert kalt.

Nun war der Mann total beklommen,
weil man ihm sein letztes Hemd genommen.
Wie hat er deshalb dumm geschaut.
Jetzt trachtet man nach seiner Haut,

denn Häute bringen auch noch Geld,
auch wenn der Ursprungsnachweis fehlt.
So sitzt er bald ganz regungslos
nun da, nur ohne Kleidung blos.

So wie es diesem Mann geschehen,
so hab ich viele schon gesehen.
Wer Schulden hat bei einer Bank,
der ist am Ende sicher blank.

Mein Nachbar

Mein Nachbar ist ein arger Spießer.
Kein bisschen ist er ein Genießer.
Über die Preise schimpft er ungeheuer.
Ein Seidel Bier ist ihm zu teuer.

Im Portmonee der Pegel sinkt,
nicht dann, wenn er nur Wasser trinkt.
Er lebt nicht wie in Saus und Braus,
viel eher wie die Kirchenmaus.

Er spart sich Strom nun auch bei Nacht,
darum hat er Kerzen angebracht.
Die Kerzen kann er selber ziehn,
aus altem Fett und Terpentin.

Im Winter friert er oft ganz kläglich,
vor allem wenn es kalt ist, täglich,
denn Kleidung kostet, sapperlot,
das macht den Ärmsten noch Bankrott

Heimlich klaut er Holz im Wald,
weil im Winter ist es gar so kalt.
Nicht heizt er Kohle, Koks und Heizöl leicht,
weil für solches nun sein Geld nicht reicht.

Was er sich spart ist ganz enorm
und was er kocht braucht keine Form.
Isst Eintopf meistens, nur ganz wenig,
denn wer jetzt schon spart, ist später König.
.
Ich hab es probiert, nach seinem Stil,
doch hatt´ ich Hunger viel zu viel
und durstig war ich, oh mein Gott
und Kälte litt ich, große Not.

Bei Kerzenlicht sah ich nicht gut.
Im Ofen hatt` ich keine Glut,
weil eingespart ist eingespart,
so nach seiner kargen Lebensart.

Ich hielt nicht durch, was ich probiert.
Mein Lebensmut war schon halbiert.
Ich lechzte nach dem Schweinebraten.
Zu essen, war mir gut beraten,

denn mein Gewand hing an mir rum.
Ich ess mich satt, ich bin nicht dumm.
Ich will nicht leben wie ein Spießer,
viel lieber bin ich ein Genießer.

Es trügt der Schein

Weil nichts so ist, so wie es scheint,
das hat mancher schon vor mir gemeint,
deswegen ist die Luft nicht blau.
Ein gescheiter Mensch nicht immer schlau,
ein Präsident nicht immer reich,
ein gewisses Ding auch manchmal weich.

Hast dich gedacht: Heut muss es sein,
hast dich getäuscht, heut geht nichts rein.
Nichts ist nur immer gut und stark.
Auch mancher Rücken ohne Mark,
manches Hirn auch ohne Grütze
und so Mancher ist zu gar nichts nütze.

Es trügt auch oft der Augenschein.
Sie lächelt süß, doch ist gemein,
setzt dir ins Hirn die größte Laus.
Wenn sie dich hat, dann lässt sie aus.
Bist berauscht noch lang von ihrem Duft
und baumelst trotzdem in der Luft.

Hast du sie an der Leine dran,
so dass sie nicht entweichen kann,
macht sie die Leine Dir zum Strick.
Das ist nun aller Frauen Trick.

Bis du es merkst, ist es zu spät,
weil der Strick an deinem Ende steht.

Wenn alles auch so trefflich wär,
wie es nur scheint, so rings umher,
mit Trompeten und mit Hauptgewinn,
auf Engelsflügeln, immerhin,
gäb´s nicht Enttäuschung und nicht Frust.
Das Leben wär die reinste Lust.

Auf Bullenflügel

Mit dem Bullen, mit den Adlerflügeln,
wirst du deine Sucht nicht zügeln,
wirst nicht damit erfolgreich sein.
Du sinkst tiefer in den Sumpf hinein.

„Fliegst du hinauf in lichte Sphären,
kannst du die Engel singen hören.
Hebst ab du endlich von der Erde,
fühlst du nicht Schwäche und Beschwerde.“

So wird ein irdisch Trunk beworben,
doch manches Herz ist dran gestorben
und mancher Geist ist schon verwirrt,
wenn er durch den Kosmos irrt.

Er löscht nicht Durst, füllt nicht den Magen,
bereitet dir nur Unbehagen,
schwindelt dir große Kräfte vor.
Diese Werbung dringt auch an dein Ohr.

„Der Trunk macht lahme Flügel stark,
beschwingt den Sinn, verjüngt das Mark,
macht morsche Glieder wieder fest,
es den alten Mann noch jubeln lässt.“

So ist die Kunde allenthalben.
„Es wirkt besser noch als teure Salben.
Wer es nicht trinkt, ist selber schuld.“
So ist der Trunk der neue Kult.“

In Alu ist er eingepresst,
dass man ihn nicht verderben lässt.
In jedem Laden steht das Teil.
„Wenn du es trinkst, dann fliegst du steil.“

Das Wässerchen nimmt man am Morgen.
Es vertreibt dir Kummer und die Sorgen.
Auch mittags es am Tische steht,
damit nicht unnütz Zeit vergeht.

Und abends erst, wenn du schon müde,
bist du aufgekratzt, kein bisschen prüde.
Über jede Schwäche du obsiegst,
wenn du mit Bullenflügel fliegst.

Der Bulle gibt dir längst die Kraft.
Du selber bist schon abgeschafft.
Du trägst nur zum Gewinn noch bei,
für die Firma, mit dem Bullenkonterfei.

Meine Freunde!

Die ihr meine Freunde seid,
entsprechend nah, entsprechend weit,
bei mir zu Haus, am fremden Ort,
ich ruf euch zu: Hört auf mein Wort.

Ich bin ein Kämpfer für Natur,
für echte, reine Wahrheit nur,
für Liebe, für Gerechtigkeit,
für Menschen einer guten Zeit.

Mein Sinn ist wach, nicht ausgereizt.
Mit Worten hab ich stets gegeizt.
Ein Mann, ein Wort und kein Palaver,
nicht vielleicht, entweder, oder, aber.

Noch lang ist nicht erfüllt mein Soll.
Ich bin ein Mensch, mit Fehlern voll.
Mein Geist ist auch schon mal verwirrt,
hab mich an meinem Wort geirrt.

Wenn ich geirrt hab, führt die Klage.
Legt Wort für Wort stets auf die Waage.
Ihr sollt auch nicht nur applaudieren,
ihr sollt meinen Worten auch parieren.

Seid immer Helfer in der Not.
Schlagt auf der Welt die Gräuel tot.
Wenn ihr so fühlt, wie ich es tu,
dann kehrt auf meiner Seite zu.

Wenn ihr, wie ich, der Wahrheit traut,
wenn euch, wie mir, die Lüge graut.
Dann könnt ihr mal ein Ding probieren
und meine Seite abonnieren.

Höllensöhne

Ich roll dahin, tret aufs Pedal,
genieß die Freiheit, überall.
Die Gegend fliegt an mir vorbei.
Kein Gedanke an die Polizei

Wie bin ich heute gut gelaunt.
Hab über manches groß gestaunt,
was inzwischen neu am Wegrand stand.
Das alles seh ich fast gebannt.

Die Gedanken lass ich vorwärts schweifen.
Hör die Musik von meinen Reifen.
Der Motor schnurrt leis, so wie ein Mäuschen.
Im nächsten Ort mach ich ein Päuschen.

Da seh ich noch im Augenblick,
schon ist es weg, zurück ein Stück.
Was war das nur, es holt mich ein!
Nun lass ich Gasfuß Gasfuß sein.

Am Straßenrand ich nun drauf wart,
denn die Höflichkeit ist meine Art.
Da braust die Macht nun über mich
und diese Macht lärmt fürchterlich.

Ein Auto voll, vier Höllensöhne!
„Sind sie verrückt“ und solche Töne
und Worte die ich nie gebraucht.
Wie stand ich da, zurecht gestaucht.

Nun zahlt ich meinen Obolus,
bat um Verzeihung noch zum Schluss
weil heute war der Tag so schön
doch euch Teufel möchte ich nie mehr sehn.

Zwölfhundert

Viel Zeit war fort, vorbei indes.
Als ich schon alt war, tat ich es.
Hab nachgedacht und aufgeschrieben
bin mit Nachdruck auch dabei geblieben.

Zwölfhundert Stücke sind es nun.
Ich wird es immer weiter tun.
Das Schreiben gibt mir Sinn im Leben.
Mich zu verbessern ist mein Streben.

So mach ich weiter mit Bedacht,
bis wieder Hundert sind gemacht.
Mit Achtsamkeit werd` ich drauf schauen,
beim Wort für Wort zusammenbauen.

Was ich so denk und es auch schreib,
ist kaum jemals mehr als Zeitvertreib.
Ich werde Wort für Wort zusammenketten.
doch das wird die Menschheit nicht erretten.

Längst geht sie den Bach hinunter,
auch gute Menschen sind darunter,
weil man nichts lernt aus dem Verdruss.
Nun komm ich hiermit schon zum Schluss.

Ich frage dich, was du dir denkst,
wenn du mir deine Zeit verschenkst
und ob ich am Leben mich befind
bis es wieder hundert Stücke sind.

Therapie

Da sitz ich nun und starr hinaus
aus einem großen, noblen Haus.
Beim Haupttor bin ich reingegangen,
damit hat die REHA angefangen.

Nun setz ich alle Hoffnung drauf,
dass positiv ist der Verlauf,
dass ich es schaff, so irgendwie,
die Schmerzbehandlungstherapie.

Ich hab nicht Angst, wo denkt man hin,
doch jetzt bin ich in den Fängen drin.
Konfrontation will ich vermeiden.
Ich will nicht länger Schmerzen leiden.

Ich bin ein alter Jahrgang schon
und Schmerzen hab ich längst zum Lohn,
bin abgenützt und ausgeleiert.
Nun hoff ich, ich werd runderneuert.

Zeit ist Geld, das nimmt man hier,
wohl eine schöne Menge schier.
Dafür verlang ich nicht zu viel.
Die Besserung ist nur mein Ziel.

So lass ich nun die Zeit verstreichen.
Ich will nicht von der REHA weichen.
So wahr ich leb, so wahr ich bin,
jetzt bin ich in den Fängen drin.

Unvernunft

Die Welt ist schön und kugelrund,
mit Wundern voll und kunterbunt,
doch nicht überall hat man das Glück,
dass man erlebt ein schönes Stück.

Es gibt Wüsten dort und Sand und Staub
und das Wachstum ist der Hitze Raub.
Der Mensch tut seines noch darauf,
er reißt noch neue Wunden auf.

So ist das Gleichgewicht gestört.
Des Menschen tun ist unerhört.
An einem Ort nur Überfluss,
am anderen Hunger und Verdruss.

Die Erde müsst man neu erbauen.
Man müsst auf alle Menschen schauen,
dass jeder davon gleichviel kriegt,
dass nicht nur rohe Kraft obsiegt.

Ich glaub nicht, dass es wird gelingen.
Es würde nicht Verbesserung bringen,
denn immer wird der Starke siegen,
der Schwache wird am Boden liegen.

Verzweiflung macht sich in mir breit.
So wird es gehen, alle Zeit,
weil der Mensch ist so und seine Zunft
nur weiterlebt in Unvernunft.

Der letzte Akt

Nun tret ich an zum letzten Akt,
bin noch mit Lasten vollgepackt.
Mein Tagespensum ist zu groß.
Das Leben ist ein schweres Los.

Das Leben ist ein Trauerspiel,
es bringt der Sorgen viel zu viel.
Nur Müh und Schmerzen immerfort,
nur Angst und Pein an jedem Ort.

Ab nun sollt ich nur vorwärts schauen,
die Lasten trachten abzubauen,
damit sich die Pupillen weiten,
mich auf den Abgang vorbereiten.

Mich ereilt ein Ruf und schon ich eile.
Noch lange keine Langeweile.
Noch bin ich drin in dem Verkehr,
da hilft nicht meine Gegenwehr.

Doch sollt ich langsam kürzer treten,
sollt schöne Tage mir noch retten,
damit ich nicht den Punkt verpasse
und mich nicht immer treiben lasse.

Sollt mir der Abgang gut gelingen,
werd ich ein Abschiedsliedchen singen,
dann bin ich frei, so soll es sein,
ab in die Ewigkeit hinein.

Ich bin ein Mensch

Ab heut denk ich nur positiv,
mach alles nur mehr instinktiv,
überleg nicht mehr, ob es was bringt,
nur ob der Funke überspringt.

Geh durch den Tag mit offenem Herzen.
Am liebsten würd ich dauernd scherzen.
Helf jeden, der es nötig hat,
mach stündlich eine gute Tat.

Neid und Missgunst sind mir fremd.
Ich verschenk auch noch mein letztes Hemd,
falls jemand grad vor Kälte friert.
In meinem Kopf nur Liebe schwirrt.

Ich lieb die Menschen, ohne Frage.
ein gutes Werk auch alle Tage,
kein böses Wort und keinen Streit.
Zu verzeihen bin ich auch bereit.

Will alle Menschen auch verstehen,
will nicht nach ihren Fehlern sehen.
Falls jemand Geld braucht, geb ich´s ihm.
Wenn er´s behält, ist es nicht schlimm.

Falls er das Geld so nötig hat,
so seh ich das als gute Tat.
Nun ihr Leute, ist das herrlich?
Doch meint ein Mensch, das wirklich ehrlich?

Ich sag es jetzt, was mir missfällt,
es ist nicht das verlorene Geld
und nicht der engelsgleiche Sinn.
Ich seh nur ein Problem darin.

Kein Mensch auf unserem Erdenrund,
vollbringt sowas, ganz ohne Grund.
Nicht du und er und sie, nicht ich.
Weil ich bin ein Mensch, ganz sicherlich.

Gedanken zur Geburt unserer Enkelin
Anastasia Katharina

Ein Menschenleben

Ist das Leben noch so neu,
jeder ist dem Leben treu.
Es hält an ihm ganz fest zur Not,
wer das nicht kann, der ist schon tot.

Auch wenn es erst ganz fein und zart,
wie Zuckerguss, so in der Art,
wird es Gewohnheit mit der Zeit
und endet in der Ewigkeit.

Erst ist das Leben schwach und klein,
umkränzt von einem Heiligenschein,
so fühlt es sich auch klein und schwach,
schon bringt es Schmerzen tausendfach.

Wächst es empor schon groß und stark
und schillert es in Geist und Mark,
es hat nicht Bestand, die Stunden fliehen.
Das Leben ist nur ausgeliehen.

Gehorsamkeit

Gehorsam ist der Mensch fürwahr,
wenn er gelebt schon manches Jahr,
dann hat man seinen Mut geraubt,
dass er nicht sagt, was er noch glaubt.

Die Gesetzesmacht hält ihn in Fängen.
Sie wird nun seinen Willen zwängen,
dass er bald lebt wie manches Tier,
nur ohne eigenen Willen schier.

Zu Gehorsamkeit wird er erzogen,
um die Wahrheit wird er wohl betrogen.
Mit Paragraphen wird er instruiert,
dass er wie ein Uhrwerk funktioniert.

Es bleibt ihm keine freie Wahl,
nur Gesetzestexte ohne Zahl,
mit Regeln, Strafen und Geboten,
danach hat er sich auszuloten.

Und hält sich einer nicht daran,
dann er die Strafen fühlen kann,
dann ist er einfach außen vor
und es schließt sich das Gefängnistor.

Ist sein Standpunkt echt und felsenfest,
dass es ihn nicht dran zweifeln lässt,
dann ist er Staatsverweigerer gleich,
bei uns im schönen Österreich.

Mir sind auch solche Leut bekannt,
bei uns in meinem Heimatland,
die haben Mut, das sag ich echt,
weil Charakterstärke ist nicht schlecht.

Die große Masse schreit empört:
„ Was die da tun ist unerhört!
Wer hat das Recht, das selbst er denkt?“
Die große Masse wird gelenkt!

Gehorsamkeit in Glück und Not,
Gehorsamkeit bis in den Tod,
Gehorsamkeit ist einverleibt,
das ist alles was noch übrig bleibt.

Mein letzter Tag

Wie wird er sein, mein letzter Tag,
wenn ich gequält vor Schmerz und Plag
und mir im Laib das Herz noch hämmert,
doch mein Gehirn hinüber dämmert?

Seh ich den Gang von dem man spricht?
Seh ich das oft gepriesne Licht?
Bin ich noch wach, um zu verstehen,
mit mir wird es zu Ende gehen.

Wie wird nun meine letzte Zeit?
Wird es ein Gang der Heiterkeit
oder werd ich nur mehr Trübsal blasen,
sollt ich dann die Welt verlassen?

Das sind nun halt so die Gedanken.
Wird dann die Zeit ganz ohne Schranken?
Wird dann der Weg und alle Strecken,
nur noch ein süßes Honiglecken?

Find ich im Tunnel mich zurecht,
so wie ich gerne sterben möcht?
Ist es auch schwierig für und für,
wenn ich stehe an der Himmelstür?

Wenn ich so denk. wird mir ganz duster.
Ich find für diese Zeit kein Muster
oder find für dieses Muster keine Zeit.
Wahrscheinlich ist dann Ewigkeit.

Jahresrückblick

Dreihundertfünfundsechzig Tage fort.
Ein Jahr dahin, mit einem Wort.
Mit den Tagen geht auch viel Bescher,
in die Vergangenheit am Weg einher.

Wieviel Bangen, wieviel Sorgen
sind darin wohl noch verborgen?
Auch schöne Stunden, herzergreifend,
sieht mein Auge, rückwärts schweifend.

So manche Stunde, mit Bedacht,
hab ich mit Schreiben zugebracht.
Ich möchte sie nicht missen, diese Zeit.
Auch weiterhin bin ich bereit
und lass den Gedanken freien Lauf.
So schnell hör ich damit nicht auf.

Ein neues Jahr pirscht sich heran.
Von diesem man nur hoffen kann,
dass es gnädig ist, mit uns, so weit.
Das Jahr ist gnädig alle Zeit,
nur der Mensch hält nichts von Gnade.
Das ist das Übel, schade.

Ein Jahr dahin, auch Lebenszeit
mit Gemeinsamkeit, auch manchmal Streit,
mit Versöhnung und mit süßem Schmerz.
Ein Gewinn für Seele und für Herz.

Ein Hoch der warmen Menschlichkeit.
Ein Fluch der größten Grausamkeit,
Vertreibung ganzer Völkerscharen,
die wahrscheinlich einmal glücklich waren.
Unterwegs mit Rucksack und mit Tasche,
zurück bleibt nur mehr Schutt und Asche.

Was überwiegt im Rückwärtsblick,
der Anderen Elend, das eigene Glück?
Mein Glück wiegt nicht des Anderen Schmerz.
Was nützt allein ein gutes Herz,
wenn tausende vor Hass erfrieren,
wenn tausende ihr Heim verlieren?

Mal kalt, mal heiß ist mein Befinden.
Es macht nicht froh aus diesen Gründen.
Ein neues Jahr, ganz unbekannt.
Sein Charakter ist noch nicht genannt.
Wie schon gesagt, das Jahr ist gut.
Schlecht ist, was der Mensch so tut.

Die Sucht

Was strömt so alles auf mich ein,
das kann mir gar nicht dienlich sein.
Vor ein paar Tagen schrieb ich lang,
voll Zuversicht vom „Neuanfang“.

„Der Mensch hat Schuld“, „ Gemach, gemach“,
war auch schon dran, am Tag danach.
„Verkanntes Ziel“ und „ Lebensreigen“
mit beiden wollt ein Ziel ich zeigen.

Einen Tag danach, beherzt indes,
ein Stück mit Namen „ Zum Exzess“.
„Mensch halt ein“ und „ Bullenflügel“,
die Menschheit lebt schon ohne Zügel.

Und heute Morgen ging's noch schneller,
schrieb ich das Stück vom „ Selbstdarsteller."
Mir dröhnt das Hirn vor lauter Text.
Manch Tag erscheint mir wie verhext.

Ich kann nicht anders, als zu schreiben
und will nicht Themen schuldig bleiben.
Nur was ich sage mit der Schrift,
ist nicht erforscht und nicht verbrieft.

Nur für mich bringt es Verdienst,
ist ganz allein mein Hirngespinst.
Oft nicht mehr wert als Seifenblasen,
doch so nötig wie das Wasser lassen.

Ihr, die ich euch löchere mit der Kunst
und hoffe auf die eure Gunst,
dass ihr nicht lästert und nicht flucht.
Das Schreiben ist wie eine Sucht.

Sorglos

Meines Nachbar Hundehütte,
steht dort im Hof, in seiner Mitte.
Der Hund, der drinnen meistens haust,
ist kreuzfidel, doch arg zerzaust,
weil er als Windhund, so genannt,
im ganzen Dorf ist gut bekannt.

Tagsüber treibt er sich umher,
macht viel Radau, als ob nichts wär.
So manche brave Hundedame
kennt schon seine Anteilnahme.
Straßab, straßauf, auf weiter Flur,
gibt es schon junge Windhund nur.

Das Gebell der Jungen dringt an sein Ohr,
doch stellt er sich da gar nichts vor.

Er macht sich drüber keine Sorgen.
Die Runde macht er wieder, morgen.
Alimente zahlen wär nun Pflicht,
doch gibt es das für Hunde nicht.

So manche Hündin war ihm hold,
hätt Anspruch nun auf seinen Sold.
Wo kein Gesetz, gibt's kein Gericht.
Das schert auch einen Windhund nicht.
Seine Gene hat er einverleibt.
Das ist, was Nachbars Hund so treibt.

Mein lieber Freund

Du wünscht, ich soll dir helfen dichten,
doch sag ich gleich, das geht mitnichten,
weil du bist du und ich bin ich,
zwei verschiedene Sterne sicherlich.

Doch einen Rat hab ich parat,
der hilft ganz sicher, in der Tat:
Mach auf die Tür zu deinem Innern,
dann wird dein Geist sich dran erinnern,

dass dort noch Schätze wohl gehortet
noch Wörter sind, zwar ungeordnet,
wie Edelsteine ungeschliffen,
jungfrauenhaft, nicht abgegriffen.

So steh auch ich, mal für und für,
vor einer fest verschlossnen Tür
und komm nicht ran an das Gedicht.
Mein lieber Freund verzweifle nicht.

Ein guter Rat

Ein guter Freund ist durch den Wind,
weil für ihn nur noch Hürden sind.
Er ist bedrückt, sucht meinen Rat.
Ich will ihm helfen mit der Tat.

„Wenn der Steuerfuchs dir Kummer bringt
und die Sorgenlast dich niederringt,
deinen ganzen Fleiß mit Um und Auf,
frisst die Behörde dir gleich wieder auf.

Wenn dich bedrängt der Bürgermeister
und an dir klebt wie Scheibenkleister,
mach dir nichts draus, denk deinen Teil,
er trägt nur seine Größe feil.

Was dir so bleibt von deinem Lohn,
das ist nicht mehr als blanker Hohn.
Die Verzweiflung ist dein Wegbegleiter
und trotzdem schuftest du noch weiter.

Halt ein mein Freund, es ist zu viel.
Was du da machst, führt nicht zum Ziel.
Ist deine Not schon übergroß,
geb ich den Rat dir kostenlos.

Dein Glück erreicht dich nicht zuletzt,
dort wo du neue Segel setzt,
darum löse schnell die alten Bänder,
es gibt für dich noch bessere Länder.

Erst denken, dann meckern

Ich dicht‘ wie ich bin und ich bin wie ich dicht!
Meine Themen sind dunkel doch manchmal auch licht.
Ganz frei so zu dichten, ist so wie ein Spiel.
Dass Menschen auch denken, dies ist halt mein Ziel.

Ich hör auch oft meckern, dies macht mir nichts aus,
es geht bei einem Ohr rein und beim andern hinaus.
Doch wenn ich was raten darf, rat ich mit Fleiß,
was ich auch schreibe, das hat seinen Preis.

Zuerst lesen, dann denken, erst dann soll man meckern,
nicht Menschen mutwillig, unnötig bekleckern.

Palästina

Palästina heißt mein Sorgenkind.
Dort verbreitet sich der Tot geschwind,
nur Angst und Not und Weh und Ach
und Unterdrückung tausendfach.

Ein Volk, das es nicht sollte sein,
erfährt nur Höllenangst und Pein.
Sein steter Alltag ist die Trauer,
umgeben von der hohen Mauer.

Das Grenzkorsett ist viel zu eng
und das Gesetz ist viel zu streng,
das von der Macht wird durchgesetzt.
Das Völkerrecht wird dort verletzt.

Ein Alptraum ist das Land nur heute.
Vertrieben sind schon viele Leute.
In Flüchtlingslagern sind sie drin
und hoffen auf den Neubeginn.

Jahrzehnte schon die Hoffnung währt.
Die Hoffnung ist schon längst verjährt
und in den Lagern lebt ein Geist,
der Angst und Not zusammenschweißt.

So wächst dort schon die Kraft heran,
die Israel einst sprengen kann,
denn eines ist es ganz gewiss,
nicht friedlich ist die Bitternis.

Israel

Israel, wie bist du stark,
bist Egoist bis in das Mark.
Wer mit dir ist, der ist dein Freund.
Du züchtest selbst dir deinen Feind.

Israel, wie bist du stolz.
Dein Stamm besteht aus altem Holz.
Seit Jahrhunderten wohnt immerhin
im alten Holz der Wurm darin.

Israel, wo ist die Huld?
Am großen Übel bist du schuld.
So lang wie schon der Jordan rinnt,
trittst nieder, der dir nicht gesinnt.

Israel, wo ist dein Gott?
Du verbreitest Terror, Angst und Not.
Hat nicht dein Gott ganz unverhohlen,
den Nächsten lieben, dir befohlen?

Ach nein, ich seh den Irrtum ein.
Dein Gott kann nur der Rächer sein.
Vom Anfang bis zum bitteren End,
sagt er es so, im Testament.

So ist dein Gott dir eine Stütze,
er ist seit jeher immer nütze.
„Nur nach vor und keinen Halt.
Hol dir dein Ländchen mit Gewalt“

Ist Israel in Gottes Hand,
so ist Israel kein friedlich Land.
Er schaut nicht seitwärts, nur nach vorn.
Dein Gott tut alles nur im Zorn.

Wer dir nicht dient, wird angefeindet,
das Land der Brüder eingemeindet
und abgeriegelt mit der Mauer.
Ist Israel ein Land der Trauer?

Ist Israel doch positiv?
Ich weiß es nicht, ganz instinktiv.
Ich, für mich kann es nicht sagen.
Da müsst ihr eure Brüder fragen.

Das Leid der Brüder ist das Maß.
Es ist ein heißes Pulverfass
und immer steckt die Lunte dran.
Ob Israel sich ändern kann?

Israel, wie bist du taub.
Dein Bruder liegt ihm Straßenstaub.
Das bisschen Freiheit, die er hat,
verteidigt er per Attentat.

Geh auf ihn zu, reich ihn die Hand,
zeig dass du Kraft hast und Verstand.
Wer Stärke zeigt, der willigt ein
oder kann es doch nur Schwäche sein?

Du spielst das Spiel vom Herrn und Knecht,
gibst deinen Brüdern kaum ein Recht
und immer schmerzt, was nicht vereint.
Bist du womöglich selbst dein Feind?

Allensteig

Es waren zweiundvierzig Bauerndörfer,
so hingestreut im Land.
Als Döllersheimer Ländchen
war es im Land bekannt.

Was immer hier schon haften blieb,
allein, es musste weichen.
Sie alle wurden umgesiedelt,
das war ein schlimmes Zeichen.

Die neue Macht nahm nicht Verzicht
und Gefolgsamkeit war damals Pflicht.
Rundherum die Welt war braun
und ehrfurchtsvoll sie anzuschaun.

Was hier lebte und gekreucht,
das wurde einfach fortgescheucht,
für einen hohen, stolzen Sinn,
nun fort, in alle Welt dahin.

Kriegswirtschaft war nun das Ziel.
Die Menschen zahlten viel zu viel,
mit Haus und Hof und allen Grund,
mit Kuh und Schwein, mit Katz und Hund.

Am Platz wo einst die Bauern standen,
im Pulverdampf die Häuser schwanden.
Der Krieg zog in die Welt hinaus
und lies zurück ein ödes Haus.

Der Krieg verging, die Dörfer starben.
Im Land umher nur großes Darben.
Entsetzlich war das Land zum Schaun.
Entschwunden war die Farbe Braun.

Ruinen nur, wohin der Blick.
Es gab nun keinen Weg zurück
und wie es schien, auch nicht nach vor.
Man schoss sich hier ein Eigentor.

Schluss und endlich und zuletzt
hat sich doch eines durchgesetzt:
Im neuen Land stand auch ein Heer,
obwohl noch alle Kassen leer.

Üben sollten diese Leute,
so auch damals, so wie heute,
das Kriegshandwerk zum Eigenschutz,
mit Pulver, Rauch und allem Schmutz.

Das Ländchen hat man auserkoren.
Das Leben war dort längst verloren.
Die Not war dort ein Fingerzeig.
Das Gelände heißt heut Allensteig!

Isonzo

Am Isonzo weht ein kalter Wind,
wo Zehntausende begraben sind,
wo des Krieges Irrsinn sie verschlang
und das Stöhnen noch aus Gräbern drang.

Längst hat die Zeit das Blut verwischt.
Ich hab das Bild mir aufgefrischt
und spür der Menschen Totenpein
bis tief in meine Seele rein.

Mich zieht es zu den Opfern hin,
weil ich ein Nachgeborener bin.
Hab nie je selbst den Krieg erlebt,
hab nie vor Todesangst gebebt.

Hab nie gehungert, nie gefroren,
hab nie den Lebensmut verloren.
Heut seh ich mir die Gräber an,
damit ich sie verstehen kann.

War es die Pflicht, die sie verleitet,
die dieses Schlachtfeld vorbereitet?
War es die Angst vorm Strafgericht?
Ich find darauf die Antwort nicht.

Ich will nicht neuen Hass noch schüren.
Ich muss nicht blutige Wunden spüren,
doch begreif ich diesen Irrsinn nie,
nicht mal in meiner Fantasie.

Gottschee

Gottschee, du bist ein fremdes Land.
Ich hab dich nicht so gleich erkannt.
Wo einst deutsche Sprache war zu Haus,
dort sieht es heut ganz anders aus.

Sechshundert Jahre deutsches Land,
war es bebaut mit starker Hand,
gezeichnet auch von Müh und Not,
wie überall, Geburt und Tod.

Gelebt, geschaffen und geherzt,
die ganze Sippschaft ausgemerzt.
Einst war das Volk ideenreich,
jetzt ist jedes Dorf dem Boden gleich.

Hundertsechsundsiebzig Dörfer wohlbestellt,
mit Haus und Stall und Vieh und Feld,
vertrieben und dahingerafft,
was einst gelebt ist abgeschafft.

Unseliger Krieg, unselige Zeit,
ich hab gesehn, ich weiß Bescheid.
Vertrieben ist der deutsche Geist,
weil das Land heut auch Kocevje heißt.

Banater Bergland

Ich war auf Urlaub im Banat.
Das fand ich eine gute Tat.
Er tat mir gut, im wahrsten Sinn.
Ich fand Kultur im Lande drin.

In früheren Zeiten eingereist
war Kultur von Ferne eingespeist.
Ein Volk durchmischt mit allerlei,
dass es ein neuer Volksstamm sein.

Woher sie kommen, in den Zeiten?
Weiß nicht genau, da müsst ich streiten.
Ist auch egal, sie sind gelungen
und haben Recht sich ausbedungen.

So leben sie seit Jahr und Tag,
wie in diesem Land so jeder mag.
Doch eines fand ich nicht so toll:
Nicht wenig macht der Alkohol.

Ich denk zurück, in meinem Land
war selbiges auch gut bekannt.
Es steht nicht zu, mir die Kritik,
sonst dreht man mir noch einen Strick.

Lass Zeit verstreichen in den Ländern,
dann werden Bräuche sich verändern.

Gara 1946-47

Was ertrug der Mensch an Angst und Schmerz
und kaltgestellt wurd manches Herz,
vertrieben ganze Völkerscharen,
die hier einmal heimisch waren.
Verblasst sind längst Kultur und Sein,
was übrig ist, ein kalter Stein.

Verblendet ist was Täter tun.
Die in diesen Gräbern ruhn,
sind nichts mehr als ein blasser Schimmer.
Vertrieben wird noch weiter immer,
ausgelöscht wird manches Sein,
und übrig bleibt ein kalter Stein.

Verhasst war auch ihr deutsches Wort.
Die andere Rasse spült sie fort,
spült sie fort ins Nichts hinein.
Was deutsch war, sollte nicht mehr sein.
Vergessen ist was sich begab.
Ein kalter Stein, ein ödes Grab.

Die Missetäter

Ist Rechts Gefahr, wie Links behauptet?
Aus dem Geschrei es so verlautet.
Ist Rechts Symbol der Farbe Braun,
ist es suspekt, nicht anzuschaun?

Wer es so sieht, der ist verblendet,
bei dem wird jedes Recht beendet.
Wer nur den Andern niederschreit,
bei dem ist auch der Krieg nicht weit.
Ist Links Gefahr, wie Rechts behauptet?
Aus dem Geschrei es so verlautet.

Ist Links ein Stück der Anarchie?
Auch hier stimmt es nicht irgendwie.

Aus beiden Lagern kommt Gewalt
und Beide sind sie gut bezahlt.
Der Standpunkt ist nicht so gefährlich,
denn Beide meinen es oft ehrlich.

Beide sind sie nur Vertreter,
denn dahinter stehen Missetäter,
die wiegeln auf und applaudieren,
das lässt die Maschen erst marschieren.

Schafft dahinter ab die Missetäter,
die sind am Volksstamm die Verräter.
Ob Links, ob Rechts, ist einerlei
falls nicht die Hetze mehr dabei.

Nimm es in Kauf

Heut möchte ich bös und garstig sein,
wenn es mir passt, hau ich auch drein.
Heut dreh ich mal die Kurbel hoch
und was ich krieg, das nehm ich noch.

„Nein, nein mein Hans“ sagt mein Gewissen.
Ich hör ihm zu nun ganz beflissen.
„ Nicht wirst du tun, was dir so taugt,
wo hast du solches aufgesaugt?“

Ich seh und hör wie man das macht,
wie man noch höhnt und dabei lacht
und keine Strafe droht dem Mobb
und niemand ruft den Tätern Stopp!

„Lass spielen deine Fantasie.
Du bist Du und Sie sind Sie
zum Böse sein hast du kein Recht.
Wenn du es tust, geht es dir schlecht.

Sie aber, wenn sie garstig sind,
dann sind sie frei so wie der Wind
und nichts und niemand hält sie auf
und der brave Mensch nimmt es in Kauf.

Zweierlei

Mein Recht ist wohl im Grund ein Nichts,
ob der Flüchtlingswelle Angesichts.
Bin ich im Land nun zweite Wahl?
Weil es so ist, auf jeden Fall.

Tatsächlich misst man zweierlei.
kaum jemals ist das Recht dabei.
Ich bin als Mensch noch unbedarft,
doch park ich falsch, werd ich bestraft.

Der Mensch, der übers Meer geeilt
und nun bei uns im Lande weilt,
der hält sich nicht an das Gesetz.
Gesetz ist für ihn nur Geschwätz.

Nun wär wohl recht was rechtens ist,
dass man mit selben Maßen misst.
Doch es ist nicht so, in unsrer Zeit,
man ist dazu noch nicht bereit.

Gerechtigkeit wär hier am Platz,
sonst führt das noch zur Fremdenhatz.
Weil er was darf, was ich nicht kann,
seh ich ihn nicht als Bruder an.

Das Lied von der Liebe

Zwanzig Mal, das ist nicht viel.
Fünfzig Mal ist noch ein Spiel.
Wenn man nicht mit Liebe spart,
dann ist hundert Mal noch Eigenart.

Tausend Mal ist noch viel mehr.
Noch sind nicht alle Zellen leer
und wenn man nicht mit Liebe spart,
dann ist das die Karnickel Art.

Darum lebe froh und lebe heiter.
Die Liebe ist dein Wegbegleiter.
Gib Liebe weiter, weiterhin,
dann lebst du nicht in Eigensinn.

An die Machthaber

Alles fließt im Strom der Zeit.
Am Ende steht die Ewigkeit.
Vor dieser Größe Angesichts,
Ist deine Sorge nur ein Nichts.

Wird deine Macht berechnend sein,
so ist sie nur verschwindend klein.
Das Leben schlittert in den Tod!
Wer das beherrscht, den nenn ich Gott.

Dumm gelaufen

Ich hatt‘ einen Freund, der war mir treu,
doch war meine Welt ihm einerlei.
Er erfragte nicht den Sinn, warum?
Und eines Tages starb er dumm.

Die Politik, die nahm er leicht,
weil sie ihn nicht mal hat erreicht.
Er fragte nicht, ob sie gerecht,
ob sie ihm was verbessern möcht.

Seine Lebensspanne ging zu End.
Kein Mensch, den Armen heut mehr kennt.
Er war mein Freund, mir war er treu,
doch war die Welt ihm einerlei.

Wie er lebte, starb er leicht.
Das Leben hat ihn nicht erreicht.
Er fragte nicht, wieso, warum
und eines Tages starb er dumm.

Mein lieber Freund, du ruhst so leicht.
Bald sind die Knochen ausgebleicht.
Er dreht sich nicht im Grabe um.
So wie er lebte, starb er dumm.

Auf der Alm

Auf der Alm ist es lustig, auf der Alm ist es schön,
da kann man zur Sennerin ihr Fenster ran gehen.
Die Almen sind herrlich und die Luft ist so lind
und wie man es weiß, gibt es dort keine Sünd.

Doch das ist ein Märchen, die Arbeit ist hart,
dort ist noch die Arbeit mit Schikanen gepaart.
Ich kenn einen Bauern, der gibt sich recht Müh,
der nennt dort sein Eigen circa zwanzig Stück Vieh.

Von Mai bis Oktober ist das Vieh auf der Alm,
weil über dem Winter gibt es dort keinen Halm.
Die Hütten ist urig, ohne Strom, ohne Licht,
doch das ist nicht alles was dem Bauern so sticht.

Von der Milch macht er Butter, nach häuslichem Brauch
und wenn er noch Milch hat, etwas Käse mal auch.
Die Butter ist herrlich in Konstanz und Geruch.
Was dem Bauern so ärgert, war jüngst ein Besuch.

Da kamen zwei Stadtleut mit Schreibblock und Stift
und taten empört, als erzeuge der Bauer nur Gift.
Vorschrift ist Vorschrift, das war ihr Gesetz.
Nun hört einmal her, wie es klang ihr Geschwätz:

„ Wie sie hier erzeugen, so geht es wohl kaum.
Zur Buttererzeugung gehört ein geeigneter Raum."
Der Bauer war willig, so wie seine Zier.
Er baute und zahlte nicht zu wenig dafür.

Nun kamen sie wieder, so war ihr Begehr:
„Noch eine Vorschrift, ein Kühlraum muss her."
Es ist nicht zu fassen, was Gehirne erspinnen,
wenn sie für den Bauern eine Vorschrift ersinnen.

Die Kontrollore sind Stümper, sie tun ihre Pflicht,
doch an die Folgen, dran denken sie nicht.
Ein Beamter ist strebsam, vor nichts macht er halt,
doch diese Vorschrift macht diesen Bauern noch kalt.

Ich bin enttäuscht

Die Politik im alten Trott,
mit der hab ich die liebe Not.
Auf altem Weg gleitet sie weiter.
Die Politik wird nicht gescheiter.

Ob nur gestriegelt und gelackt,
ob in Zuckerwatte eingepackt,
so war sie alt, so ist sie neu.
Gefühl ist heut auch nicht dabei.

Denn wer anders denkt, ist nicht willkommen,
der wird im Handstreif festgenommen,
den hat die Macht schon am Genick
und dreht flugs ihm noch einen Strick.

Sie sind nach außen warm und innen kalt.
Die Masche dient dem Machterhalt.
Wer aufbegehrt hat schon verloren,
der steckt im Dreck bis zu den Ohren.

Dem Jungen galt die Sympathie,
doch ist sie nur mehr Ironie.
Und wenn er auch bei Manchen sticht,
mich Alten täuscht der Junge nicht.

Ein arger Bazillus

Das Frühjahr kommt wieder, es lässt sich nicht halten.
Auf dem Hof fängt der Bauer an zu Schalten und Walten.
Ich fürcht schon die Zeit, wenn seine Arbeit beginnt,
wenn die Jauche in Strömen in die Erde verrinnt.

Dann strömen die Schwaden durch Auen, den Hain,
durch Fugen und Ritzen, in meine Wohnung hinein.
Ich bin zwar ein Landmensch und so manches gewohnt,
doch ist der Geruch zu stark wohl betont.

Ich hör sie schon kommen, mit Gezisch und Gepfauch.
Hoch aus dem Auspuff pfeift der dampfende Rauch.
Auf bulligen Rädern qualmt ein feuriges Ross.
Schier muss man sich fürchten vor dem Riesen Kolos.

Hinten dran hängt etwas, was wie eine Tonne mir scheint,
da hat wohl der Bauer zu viel des Guten gemeint.
Manch Feuerwehr hätte wohl der Freude zu viel,
damit wäre das Löschen im Ernst nur ein Spiel.

In der Tonne, mit Pumpe, wie der Bauer sie führt,
ist eine stinkende Brühe, gemixt und gerührt.
Die nennt er sein Gold, obwohl sie stinkt bestialisch,
doch wächst drauf der Mais und das Korn infernalisch.

Die Luft ist geschwängert von diesem Bazillus,
sie bringt, die sie atmen, nur großen Verdruss.
Vor allem bei Tiefdruck, drückt sie doppelt und schwer.
Oh Herr erlöse uns von dieser Bescher.

Lass wachsen die Einsicht wie auf der Gülle die Frucht,
sonst wird noch der Bauer ob seiner Taten verflucht.
Ich seh es nicht tragisch, doch die Natur ist besorgt,
es hat doch der Bauer nur seine Werkstatt geborgt.

Weiterhin Schmerzen

Ich will nicht immer Schmerzen leiden,
auch das Glück will ich nicht meiden,
doch das Leben gibt mir Schmerzen auf,
auch weiterhin, gleich schier zu Hauff.

Weil ich mich auch für Andere sorge,
ihnen meinen Anteil borge
und Hilfe bringe, noch und noch,
ist das Leben oft ein schweres Joch.

Es regt mich auf, wenn es wo brennt,
wenn jemand in den Abgrund rennt.
Wenn jemand unter Schmerzen schreit,
bin ich zum Helfen schnell bereit.

Doch mein Bemühn ist meist ein Nichts,
ob allen Übel Angesichts.
Ich hab mit meiner ganzen Kraft
Linderung noch kaum geschafft.

So hab ich Sorgen immerhin
und Schmerzen hab ich weiterhin.
Ich weiß wie falsch die Welt schon läuft,
wie sie im Lobbysumpf ersäuft.

Ich kann nichts tun, ich kann nichts tun!
Ich will nicht ruhn, ich will nicht ruhn!
Die Scheiße geht mir schier zu Herzen,
so hab ich weiterhin nur Schmerzen.

Weitere Bücher des Autors Hans Riedl:
Es dreht sich alles um das Eine
Eigenverlag

Bike for Peace – Paris – Moskau
Eigenverlag

Weisheiten und kleine Dummheiten aus dem Lebensbereich des Hans R.
114 Seiten, Lyrik, im Eigenverlag!

Reifezeit – Sausaler Kindheitserinnerungen
Von der Petroleumlampe bis zum Internet
147 Seiten, Lyrik, Wagner – Verlag
ISBN- 978-3-95630-178-0!

Jetzt bin ich alt!
Bin nicht mehr heiß, bin noch nicht kalt!
148 Seiten, Lyrik, Re Di Roma Verlag
ISBN – 978-3-86870-757-1

Familiengeschichten
und anderes Ungemach
148 Seiten, Lyrik, Re Di Roma Verlag
ISBN – 978-86870-758-8

Lange Rede, kurzer Sinn
144 Seiten, Rediroma Verlag
ISBN 978-3-86870-750-2

Der schönste Tag
146 Seiten, Rediroma Verlag
ISBN 978-3-86870-766-3

Unbestechlich ist die Zeit
180 Seiten, Rediroma Verlag
ISBN 978-3-86870-930-8

Von Hans und Grete Riedl
„Die Trattenmüllers“
150 Jahre - Familiendokumentation , Bildband!
150 Seiten, 80 Geschichten
160 alte Fotos
Re Di Roma Verlag
ISBN – 978-86870-759-5

Damals
162 Seiten, Rediroma Verlag
ISBN 978-3-86870-835-6

Heiter bis Wolkig
170 Seiten, Rediroma Verlag
ISBN 978-3-96103-096-5

Liederlich und Kurios
185 Seiten, Rediroma Verlag
ISBN 978-3-96103-108-5

Meine ganz verrückte Märchenwelt
183 Seiten, Rediroma Verlag
ISBN 978-3-96103-145-0

Mut zur Veränderung
347 Seiten, Rediroma Verlag
ISBN 978-3-96103-290-7

In den Zeiten der Bauer…
157 Seiten, Rediroma Verlag
ISBN 978-3-96103-436-9

Inhalt